Mohammad Kaleem Galamali

Exercícios práticos para calculadoras de radiofrequências

Mohammad Kaleem Galamali

Exercícios práticos para calculadoras de radiofrequências

Um conjunto pronto de exercícios práticos para ajudar os académicos

ScienciaScripts

Imprint
Any brand names and product names mentioned in this book are subject to trademark, brand or patent protection and are trademarks or registered trademarks of their respective holders. The use of brand names, product names, common names, trade names, product descriptions etc. even without a particular marking in this work is in no way to be construed to mean that such names may be regarded as unrestricted in respect of trademark and brand protection legislation and could thus be used by anyone.

Cover image: www.ingimage.com

This book is a translation from the original published under ISBN 978-620-7-46920-8.

Publisher:
Sciencia Scripts
is a trademark of
Dodo Books Indian Ocean Ltd. and OmniScriptum S.R.L publishing group

120 High Road, East Finchley, London, N2 9ED, United Kingdom
Str. Armeneasca 28/1, office 1, Chisinau MD-2012, Republic of Moldova, Europe
Printed at: see last page
ISBN: 978-620-7-77217-9

Agradecimentos

Escrever um manuscrito é uma aventura nobre que, no entanto, não pode ser levada a cabo sem o apoio e o encorajamento das pessoas próximas do autor, durante vários meses. É após a conclusão do trabalho que a apreciação da realização pode ser sentida no fundo do coração do autor, especialmente porque este é o meu vigésimo sétimo conjunto de exercícios práticos concebidos.

Como crente, considero primordial agradecer sinceramente a Deus pelos Seus vastos favores em cada passo da vida. Agradeço de coração à minha mulher o apoio contínuo em casa para este trabalho académico, o debate de ideias, as críticas pertinentes e o cuidado com os nossos três filhos. Um agradecimento especial aos meus pais por ajudarem a tomar conta dos nossos filhos durante os dias de trabalho e por todos os outros favores que nos concedem.

No entanto, os meus agradecimentos excepcionais vão para os meus professores e supervisores de doutoramento, o Professor Dr. Nawaz Ali Mohamudally e o Professor Dr. Nimal Nissanke, pelas suas sessões muito dedicadas de aconselhamento e orientação. Sinto sempre a sua presença espiritual ao longo das minhas actividades académicas.

"São os desinformados que circulam em carros cheios de radiação de radiofrequência (RF)" - Steven Magee

Dr. Mohammad Kaleem GALAMALI (PhD), Académico Pensador visionário.

República da Maurícia, fevereiro de 2024

Correio eletrónico: mkaleemg@gmail.com

Resumo

Depois de vinte e seis conjuntos anteriores de exercícios práticos apresentados em manuscritos anteriores, alarguei os meus módulos leccionados anteriores para produzir este manuscrito. Aqui, um conjunto sucessivo de 34 exercícios práticos escritos de forma coesa em softwares, pertencentes ao campo das calculadoras de radiofrequência, foi apresentado, num estilo semelhante ao dos manuscritos anteriores. O objetivo de facilitar aos jovens académicos a obtenção de um conjunto pronto de exercícios práticos é aqui prosseguido. Este conjunto de exercícios aplica-se melhor aos níveis de iniciação dos cursos universitários. É claro que a sua aplicabilidade a cursos de nível avançado pode ser apreciada por muitos académicos à sua discrição. É de notar que é muito possível que os académicos adaptem estes exercícios às suas necessidades.

A este nível, pressupõe-se que o hardware necessário para cada exercício em causa é disponibilizado aos estudantes em causa.

Recomenda-se vivamente que os alunos elaborem fichas de síntese adequadas e funcionais para cada exercício, bem como um relatório correto e as referências necessárias. Para cada exercício, é necessária uma parte de análise por parte dos alunos para desenvolver o seu pensamento e as suas capacidades críticas/profissionais. A maior parte dos exercícios foi concebida para computadores/computadores portáteis, bem como para os telemóveis/tablets atualmente em voga.

Naturalmente, é sempre recomendável que os estudantes comuniquem corretamente com o seu treinador, que, por sua vez, é recomendado para efetuar um acompanhamento de perto.

Glossário

CRA Reactância capacitiva e admitância.

EIRP Potência isotrópica radiada efectiva.

TIC Tecnologias da Informação e da Comunicação.

IRA Reactância indutiva e admitância.

PAE Eficiência de potência acrescentada.

Fator Q Fator de qualidade.

Radiofrequência RF.

SAR Taxa de absorção específica.

TDR Reflectometria no domínio do tempo.

Publicação anterior relacionada

1. Dr. Galamali Mohammad Kaleem, "Hardware-Related Practical Exercises in ICT Fundamentals - A ready-made Set of Practical Exercises for Assisting Academicians", LAP LAMBERT Academic Publishing - membro do grupo OmniScriptum S.R.L Publishing, Moldávia, 07 de julho de 2023, ISBN : 978-620-6-18485-0

2. Dr. Galamali Mohammad Kaleem, "Practical Exercises for Business and Management Softwares - A ready-made Set of Practical Exercises for Assisting Academicians", LAP LAMBERT Academic Publishing - membro do grupo OmniScriptum S.R.L Publishing, Moldávia, 24 de julho de 2023, ISBN : 978-620-6-75178-6

3. Dr. Galamali Mohammad Kaleem, "Practical Exercises for Personal Empowerment softwares - A ready-made Set of Practical Exercises for Assisting Academicians", LAP LAMBERT Academic Publishing - membro do grupo OmniScriptum S.R.L Publishing, Moldávia, 13 de agosto de 2023, ISBN : 978-620-6-75571-5

4. Dr. Galamali Mohammad Kaleem, "Practical Exercises for Improving Security in ICT - A ready-made Set of Practical Exercises for Assisting Academicians", LAP LAMBERT Academic Publishing - membro do grupo OmniScriptum S.R.L Publishing, Moldávia, 7 de setembro de 2023, ISBN : 978-620-6-78292-6

5. Dr. Galamali Mohammad Kaleem, "Practical Exercises for Personal Skills Enhancements in ICT - A ready-made Set of Practical Exercises for Assisting Academicians", LAP LAMBERT Academic Publishing - membro do grupo OmniScriptum S.R.L Publishing, Moldávia, 22 de setembro de 2023, ISBN : 978-620-6-78607-8

6. Dr. Galamali Mohammad Kaleem, "Practical Exercises for Community Empowerment - A ready-made Set of Practical Exercises for Assisting Academicians", LAP LAMBERT Academic Publishing - membro do grupo OmniScriptum S.R.L Publishing, Moldávia, 3 de outubro de 2023, ISBN : 978-620-6-78790-7

7. Dr. Galamali Mohammad Kaleem, "Practical Exercises for Education Support Softwares - A ready-made Set of Practical Exercises for Assisting Academicians", LAP LAMBERT Academic Publishing - membro do grupo OmniScriptum S.R.L Publishing, Moldávia, 12 de outubro de 2023, ISBN : 978-620-6-78911-6Dr. Galamali Mohammad Kaleem, "Practical Exercises for Multimedia and Entertainment Softwares - A ready-made Set of Practical Exercises for Assisting Academicians", LAP LAMBERT Academic Publishing - membro do grupo OmniScriptum S.R.L Publishing, Moldávia, 20 de outubro de 2023, ISBN : 978-620-6-79079-2

8. Dr. Galamali Mohammad Kaleem, "Practical Exercises for Specialised Professional Assistance Softwares - A ready-made Set of Practical Exercises for Assisting Academicians", LAP LAMBERT Academic Publishing - membro do grupo OmniScriptum S.R.L Publishing, Moldávia, 24 de outubro de 2023, ISBN : 978-620-6-79195-9

9. Dr. Galamali Mohammad Kaleem, "Practical Exercises for Improving ICT Technical Skills - A ready-made Set of Practical Exercises for Assisting Academicians", LAP LAMBERT Academic Publishing - membro do grupo OmniScriptum S.R.L Publishing, Moldávia, 30 de outubro de 2023, ISBN : 978-620-6-79274-1

10. Dr. Galamali Mohammad Kaleem, "Practical Exercises for Upgrading ICT & Smart Phone Skills - A ready-made Set of Practical Exercises for Assisting Academicians", LAP LAMBERT Academic Publishing - membro do grupo OmniScriptum S.R.L Publishing, Moldávia, 10 de novembro de 2023, ISBN : 978-620-6-84371-9

11. Dr. Galamali Mohammad Kaleem, "Practical Software Exercises for Self-Learning Empowerment - A ready-made Set of Practical Exercises for Assisting Academicians", LAP LAMBERT Academic Publishing - membro do grupo OmniScriptum S.R.L Publishing, Moldávia, 14 de novembro de 2023, ISBN : 978-620-3-02687-0

12. Dr. Galamali Mohammad Kaleem, "Practical Exercises for Uplifting Society with Softwares - A ready-made Set of Practical Exercises for Assisting Academicians", LAP LAMBERT Academic Publishing - membro do grupo OmniScriptum S.R.L Publishing, Moldávia, 17 de novembro de 2023, ISBN : 978-620-3-30354-4

13. Dr. Galamali Mohammad Kaleem, "Practical Exercises for Enhancing Software Engineering Skills - A ready-made Set of Practical Exercises for Assisting Academicians", LAP LAMBERT Academic Publishing - membro do grupo OmniScriptum S.R.L Publishing, Moldávia, 21 de novembro de 2023, ISBN : 978-620-6-84666-6

14. Dr. Galamali Mohammad Kaleem, "Practical Exercises for Enhancing Professional Sports softwares - A ready-made Set of Practical Exercises for Assisting Academicians", LAP LAMBERT Academic Publishing - membro do grupo OmniScriptum S.R.L Publishing, Moldávia, 29 de novembro de 2023, ISBN : 978-620-7-44749-7

15. Dr. Galamali Mohammad Kaleem, "Practical software Exercises for Assisting Specific Professions - A ready-made Set of Practical Exercises for Assisting Academicians", LAP LAMBERT Academic Publishing - membro do grupo OmniScriptum S.R.L Publishing, Moldávia, 30 de novembro de 2023, ISBN : 978-620-7-44888-3

16. Dr. Galamali Mohammad Kaleem, "Practical software Exercises for General Societal Welfare - A ready-made Set of Practical Exercises for Assisting Academicians", LAP LAMBERT Academic Publishing - membro do grupo OmniScriptum S.R.L Publishing, Moldávia, 30 de novembro de 2023, ISBN : 978-620-7-44933-0

17. Dr. Galamali Mohammad Kaleem, "Practical Exercises for Human Wellness softwares - A ready-made Set of Practical Exercises for Assisting Academicians", LAP LAMBERT Academic Publishing - membro do grupo OmniScriptum S.R.L Publishing, Moldávia, 04 de dezembro de 2023, ISBN : 978-620-7-44949-1

18. Dr. Galamali Mohammad Kaleem, "Practical Exercises for General Usage softwares - A ready-made Set of Practical Exercises for Assisting Academicians", LAP LAMBERT Academic Publishing - membro do grupo OmniScriptum S.R.L Publishing, Moldávia, 05 de dezembro de 2023, ISBN : 978-620-7-45015-2

19. Dr. Galamali Mohammad Kaleem, "Practical Exercises for Modern Multimedia Softwares for Business - A ready-made Set of Practical Exercises for Assisting Academicians", LAP LAMBERT Academic Publishing - membro do grupo OmniScriptum S.R.L Publishing, Moldávia, 07 de dezembro de 2023, ISBN : 978-620-7-45056-5

20. Dr. Galamali Mohammad Kaleem, "Practical Exercises for Modern ICT and Business Calculator Tools - A ready-made Set of Practical Exercises for Assisting Academicians", LAP LAMBERT Academic Publishing - membro do grupo OmniScriptum S.R.L Publishing, Moldávia, 11 de dezembro de 2023, ISBN : 978-620-7-45106-7

21. Dr. Galamali Mohammad Kaleem, "Practical Exercises for Modern Physics and Construction Tools - A ready-made Set of Practical Exercises for Assisting Academicians", LAP LAMBERT Academic Publishing - membro do grupo OmniScriptum S.R.L Publishing, Moldávia, 18 de janeiro de 2024, ISBN : 978-620-7-45976-6

22. Dr. Galamali Mohammad Kaleem, "Practical Exercises for Multi-Usage Professional Software Calculators - A ready-made Set of Practical Exercises for Assisting Academicians", LAP LAMBERT Academic Publishing - membro do grupo OmniScriptum S.R.L Publishing, Moldávia, 26 de janeiro de 2024, ISBN : 978-620-7-46016-8

23. Dr. Galamali Mohammad Kaleem, "Practical Exercises for Modern Electronic Engineering Calculators - A ready-made Set of Practical Exercises for Assisting Academicians", LAP LAMBERT Academic Publishing - membro do grupo

OmniScriptum S.R.L Publishing, Moldávia, 07 de fevereiro de 2024, ISBN : 978-620-7-46232-2

24. Dr. Galamali Mohammad Kaleem, "Practical Exercises for Electronic and Fabrication Eng Calculators - A ready-made Set of Practical Exercises for Assisting Academicians", LAP LAMBERT Academic Publishing - membro do grupo OmniScriptum S.R.L Publishing, Moldávia, 21 de fevereiro de 2024, ISBN : 978-620-7-46562-0

25. Dr. Galamali Mohammad Kaleem, "Practical Exercises for Vehicles/Highways and Marine Eng Calculators - A ready-made Set of Practical Exercises for Assisting Academicians", LAP LAMBERT Academic Publishing - membro do grupo OmniScriptum S.R.L Publishing, Moldávia, 29 de fevereiro de 2024, ISBN : 978-620-7-46801-0

Índice

Secção 1: Calculadoras de conversão de RF .

1.1 Tarefa 1: Softwares de cálculo de conversão de Delta para Wye/Star.

Recomendação: a realizar em grupos de 2 alunos

Duração prática sugerida - cerca de 6 horas

Pode consultar os seguintes sítios e outras fontes:

https://www.everythingrf.com/rf-calculators/delta-to-wye-conversion-calculator

https://www.circuitbread.com/toolbox/delta-wye-calculator

https://www.omnicalculator.com/physics/delta-to-wye

https://www.petervis.com/electronics/Standard_Resistor_Values/Resistor_Calculator.html

https://eepower.com/tools/delta-wye-calculator/

https://voltage-disturbance.com/engineering-calculators/delta-wye-conversion-calculator/

https://www.watlow.com/resources-and-support/engineering-tools/3phase-delta-wye-calculator

https://ncalculators.com/electrical/star-delta-resistance-calculator.htm

https://www.allaboutcircuits.com/textbook/direct-current/chpt-10/delta-y-and-y-conversions/

https://www.rfwireless-world.com/calculators/Star-to-Delta-Conversion-Calculator.html

https://www.tina.com/wye-to-delta-and-delta-to-wye-conversion/

https://spinningnumbers.org/a/delta-wye-resistor-networks.html

https://www.circuitbread.com/tutorials/delta-wye-transformation

https://ncalculators.com/electrical/delta-star-resistance-calculator.htm

https://www.electrical4u.com/delta-star-transformation-star-delta-transformation/

https://www.basictables.com/electronics/resistor/star-delta-transformation

https://www.watlow.com/resources-and-support/engineering-tools/equations/delta-and-wye-circuit-equations

https://electricalschool.org/delta-wye/

Investigar em softwares de cálculo de conversão de Delta para Wye/Star e sua instalação em mais de 5 softwares/aplicações diferentes, usando uma combinação dos seguintes métodos:

i.   Descarregue versões gratuitas de tais Softwares Modernos de Calculadora de Conversão Delta para Wye/Star e execute-os localmente no seu portátil/computador.

ii.   Descarregue versões gratuitas de tais Softwares Modernos de Calculadora de Conversão Delta para Wye/Star e execute-os localmente no seu smartphone/tablet.

Este exercício irá treinar os alunos na utilização de tais Softwares de Calculadora de Conversão de Delta Moderno para Wye/Star e suas opções disponíveis e apresentá-los à nova era de tais Softwares de Calculadora de Conversão de Delta Moderno para Wye/Star em smartphones e tablets. Um pequeno apercu de diferentes Softwares de Calculadora de Conversão de Delta Moderno para Wye/Star também é abordado aqui. Estes podem ser necessários mais tarde durante o seu curso, carreira e investigação. Também pode servir como um estudo preliminar para aprender mais avançado/licenciado tais Modern Delta to Wye/Star Conversion Calculator Softwares. Os resultados devem ser demonstrados ao professor antes de serem entregues. O trabalho pode ser apresentado em papel ou em suporte eletrónico. Siga as instruções subsequentes, incluindo os prazos relevantes, dadas pelo professor. Os resultados esperados incluem um relatório em docx/pdf, em bom formato, contendo o seguinte:

i.   Uma ficha de síntese do trabalho corretamente concebida e preenchida.

ii.   Os dados do computador/laptop no qual serão instalados os programas informáticos Modern Delta to Wye/Star Conversion Calculator ou onde serão acedidas as versões online do software.

iii.   Os softwares gratuitos Modern Delta to Wye/Star Conversion Calculator baixados e seus detalhes, incluindo detalhes de instalação.

iv.   Relatório de execução dos programas gratuitos Calculadora de conversão Delta moderna para estrela/triângulo, com cenários de demonstração dos dados de entrada fornecidos e dos resultados obtidos, eventuais pormenores sobre o nível de sucesso alcançado, etc., em cada um dos programas Calculadora de conversão Delta moderna para estrela/triângulo descarregados.

v.   Uma análise sucessiva dos diferentes softwares de calculadora de conversão Delta para Wye/Star e qual deles você considera ser o melhor como software gratuito para laptop/computador.

vi.   Os detalhes do smartphone/tablet no qual o software Modern Delta to Wye/Star Conversion Calculator será instalado.

vii.   Relatório de execução desses softwares Modern Delta to Wye/Star Conversion Calculator em smartphones/tablets, com cenários de demonstração de entrada fornecida e saída alcançada, possíveis detalhes sobre o nível de sucesso alcançado, etc. em cada um dos Modern Delta to Wye/Star Conversion Calculator Softwares.

viii.   Uma análise sucessiva dos diferentes Softwares Modernos de Calculadora de Conversão Delta para Wye/Star e qual deles você considera ser o melhor suporte para smartphones/tablets.

ix.   Um capítulo de conclusões exaustivo.

x.   Referências em causa.

xi.   Secção "Apêndice" que tem basicamente 3 partes: a primeira parte é sobre a atribuição de tarefas no grupo, a segunda parte é sobre o agendamento das tarefas e a terceira parte é sobre as notas de supervisão da reunião e as orientações aí fornecidas.

1.2   Tarefa 2: Softwares de conversão de Wye/Star para Delta.

Recomendação: a realizar em grupos de 2 alunos

Duração prática sugerida - cerca de 6 horas

Pode consultar os seguintes sítios e outras fontes:

https://www.everythingrf.com/rf-calculators/star-to-delta-conversion-calculator

https://www.allaboutcircuits.com/textbook/direct-current/chpt-10/delta-y-and-y-conversions/

https://electricalacademia.com/basic-electrical/star-delta-transformation-and-delta-star-transformation/

https://www.iceeet.com/star-delta-transformation/

https://licchavilyceum.com/star-to-delta-conversion/

Investigar em softwares de conversão de Wye/Star para Delta e a sua instalação em mais de 5 softwares/aplicações diferentes, utilizando uma combinação dos seguintes métodos

i.   Descarregue versões gratuitas de tais softwares de conversão de Wye/Star moderno para Delta e execute-os localmente no seu computador portátil/computador.

ii.   Descarregue versões gratuitas de tais softwares de conversão de Modern Wye/Star para Delta e execute-as localmente no seu smartphone/tablet.

Este exercício irá treinar os alunos na utilização de tais softwares de conversão de estrela moderna para delta e suas opções disponíveis e apresentá-los à nova era de tais softwares de conversão de estrela moderna para delta em smartphones e tablets. Um pequeno apêndice de diferentes softwares de conversão de estrela moderna para estrela delta também é abordado aqui. Estes podem ser necessários mais tarde durante o seu curso, carreira e investigação. Também pode servir como um estudo preliminar para a aprendizagem de softwares mais avançados/licenciados de conversão de estrela moderna em estrela delta. Os resultados devem ser demonstrados ao professor antes de serem apresentados. A apresentação pode ser feita em papel ou em suporte informático, online. Seguir as instruções subsequentes, incluindo os prazos relevantes, dadas pelo professor. Os resultados esperados incluem um relatório em docx/pdf, em bom formato, contendo o seguinte:

i.   Uma ficha de síntese do trabalho corretamente concebida e preenchida.

ii.   Os dados do computador/laptop no qual serão instalados os programas informáticos Modern Wye/Star to Delta Conversion ou onde serão acedidas as versões online do programa informático.

iii.   Os programas gratuitos para a conversão de Wye/Star para Delta descarregados e os respectivos detalhes, incluindo os da instalação.

iv.   Relatório de execução dos programas gratuitos de conversão de estrela moderna para delta, com cenários de demonstração dos dados de entrada fornecidos e dos resultados obtidos, eventuais pormenores sobre o nível de sucesso alcançado, etc., em cada um dos programas de conversão de estrela moderna para delta descarregados.

v.   Uma análise sucessiva dos diferentes Softwares Modernos de Conversão de Wye/Star para Delta e qual deles você considera ser o melhor como software livre para laptop/computador.

vi.   Os dados do smartphone/tablet no qual será instalado o software de conversão de Modern Wye/Star para Delta.

vii.   Relatório de execução desses programas de conversão de estrela moderna para delta em smartphones/tablets, com cenários de demonstração dos dados fornecidos e dos resultados obtidos, eventuais pormenores sobre o nível de sucesso alcançado, etc., em cada um dos programas de conversão de estrela moderna para delta.

viii.   Uma análise sucessiva dos diferentes softwares modernos de conversão de Wye/Star para Delta e qual deles considera ser o melhor suporte para smartphones/tablets.

ix.   Um capítulo de conclusões exaustivo.

x.   Referências em causa.

xi.   Secção "Apêndice" que tem basicamente 3 partes: a primeira parte é sobre a atribuição de tarefas no grupo, a segunda parte é sobre o agendamento das tarefas e a terceira parte é sobre as notas de supervisão da reunião e as orientações aí fornecidas.

<h1 align="center">Secção 2: Calculadoras de potência de RF.</h1>

2.1   Tarefa 3: Divisor de potência de via N Softwares de cálculo.

Recomendação: a realizar em grupos de 2 alunos

Duração prática sugerida - cerca de 6 horas

Pode consultar os seguintes sítios e outras fontes:

https://www.everythingrf.com/rf-calculators/power-divider-calculator

https://www.pasternack.com/t-calculator-nway.aspx

https://www.electronicsforu.com/special/n-way-power-divider-calculator

https://www.allaboutcircuits.com/tools/n-way-power-divider-calculator/

https://www.everythingrf.com/rf-calculators/wilkinson-power-divider-calculator

https://www.rfwireless-world.com/calculators/Power-divider-calculator.html

https://www.changpuak.ch/electronics/resistive_power_split.php

https://www.apogeeweb.net/tools/n-way-power-divider-calculator.html

https://eliterfllc.com/rf-calculators/wilkinson-power-divider-calculator

https://3roam.com/rf-combiner-calculator/

https://www.mdpi.com/2076-3417/13/11/6852

http://web.bluecomtech.com/everything%20RF%20Calculators/www.everythingrf.com/rf-calculators/wilkinson-power-divider-calculator.html

https://www.microwaves101.com/encyclopedias/n-way-unequal-split-wilkinsons

https://3roam.com/rf-splitter-calculator/

https://www.pasternack.jp/t-calculator-nway.aspx

https://www.fairviewmicrowave.com/2-way-power-divider-n-8-ghz-30-watts-mp8769-p.aspx

https://www.microwavejournal.com/articles/3740-quarter-wavelength-n-way-power-dividers-combiners-historical-aspects-and-new-modifications

Investigar em N-Way Power Divider Calculator Softwares e sua instalação em 5 diferentes softwares/apps, usando uma combinação dos seguintes métodos:

i.   Descarregue versões gratuitas de tais Modern N-Way Power Divider Calculator Softwares e execute-os localmente no seu portátil/computador.

ii.   Descarregue versões gratuitas de tais Modern N-Way Power Divider Calculator Softwares e execute-os localmente no seu smartphone/tablet.

Este exercício irá formar os alunos na utilização destes softwares de calculadora divisora de potência N-Way moderna e nas suas opções disponíveis e apresentá-los à nova era destes softwares de calculadora divisora de potência N-Way moderna em smartphones e tablets. Um pequeno apêndice de diferentes softwares de calculadoras modernas de divisores de potência N-Way também é abordado aqui. Estes podem ser necessários mais tarde durante o seu curso, carreira e investigação. Também pode servir como um estudo preliminar para aprender softwares mais avançados/licenciados de Calculadora Divisora de Potência N-Way Moderna. Os resultados devem ser demonstrados ao professor antes de serem entregues. A apresentação pode ser feita em papel ou em suporte informático. Seguir as instruções subsequentes, incluindo os prazos relevantes, dadas pelo professor. Os resultados esperados incluem um relatório em docx/pdf, em bom formato, contendo o seguinte:

i.   Uma ficha de síntese do trabalho corretamente concebida e preenchida.

ii.   Os dados do computador/laptop no qual serão instalados os programas informáticos Modern N-Way Power Divider Calculator ou onde serão acedidas as versões online do software.

iii.   Os softwares gratuitos Modern N-Way Power Divider Calculator baixados e seus detalhes, incluindo detalhes de instalação.

iv.   Relatório de execução dos programas gratuitos Modern N-Way Power Divider Calculator, com cenários de demonstração dos dados introduzidos e dos resultados obtidos, eventuais pormenores sobre o nível de sucesso alcançado, etc., em cada um dos programas Modern N-Way Power Divider Calculator descarregados.

v.   Uma análise sucessiva dos diferentes Softwares Modernos de Calculadora de Divisor de Potência N-Way e qual deles você considera ser o melhor como o software livre para laptop/computador.

vi.   Os detalhes do smartphone/tablet no qual o software Modern N-Way Power Divider Calculator será instalado.

vii.   Relatório de execução desses softwares Modern N-Way Power Divider Calculator em smartphones/tablets, com cenários de demonstração de entrada fornecida e saída alcançada, possíveis detalhes sobre o nível de sucesso alcançado, etc. em cada um dos Modern N-Way Power Divider Calculator Softwares.

viii.   Uma análise sucessiva dos diferentes softwares modernos de calculadora de divisor de potência N-Way e qual deles você considera ser o melhor suporte para smartphones / tablets.

ix.   Um capítulo de conclusões exaustivo.

x.   Referências em causa.

xi.   Secção "Apêndice" que tem basicamente 3 partes: a primeira parte é sobre a atribuição de tarefas no grupo, a segunda parte é sobre o agendamento das tarefas e a terceira parte é sobre as notas de supervisão da reunião e as orientações aí fornecidas.

2.2   Tarefa 4: Divisor de potência Wilkinson Softwares de cálculo.

Recomendação: a realizar em grupos de 2 alunos

Duração prática sugerida - cerca de 6 horas

Pode consultar os seguintes sítios e outras fontes:

https://www.everythingrf.com/rf-calculators/wilkinson-power-divider-calculator

https://www.microwaves101.com/calculators/871-unequal-split-power-divider-calculator

https://eliterfllc.com/rf-calculators/wilkinson-power-divider-calculator

https://www.calctown.com/calculators/wilkinson-power-divider

http://theengineeringguy.com/wilkinson_power_divider.aspx

https://www.microwaves101.com/encyclopedias/multistage-wilkinsons

http://theengineeringguy.com/wilkinson_power_divider.aspx

https://forum.allaboutcircuits.com/threads/wilkinson-power-divider.180878/

https://optics.ansys.com/hc/en-us/articles/360042528713-Wilkinson-power-divider

https://3roam.com/wilkinson-power-divider/

https://www.pasternack.com/2-way-n-wilkinson-power-divider-690-mhz-2.7-ghz-10-watts-pe2092-p.aspx

https://resources.pcb.cadence.com/blog/wilkinson-power-divider-design-and-pcb-layout

Investigue em Wilkinson Power Divider Calculator Softwares e sua instalação em mais de 5 diferentes softwares / aplicativos, usando uma combinação dos seguintes métodos:

i.   Descarregue versões gratuitas de tais Modern Wilkinson Power Divider Calculator Softwares e execute-os localmente no seu portátil/computador.

ii.   Descarregue versões gratuitas de tais Modern Wilkinson Power Divider Calculator Softwares e execute-os localmente no seu smartphone/tablet.

Este exercício irá formar os alunos na utilização de Softwares de Calculadora Divisora de Potência Wilkinson Moderna e suas opções disponíveis e apresentá-los à nova era de tais Softwares de Calculadora Divisora de Potência Wilkinson Moderna em smartphones e tablets. Um pequeno apêndice de diferentes Softwares de Calculadora Divisora de Potência Wilkinson

Moderna também é abordado aqui. Estes podem ser necessários mais tarde durante o seu curso, carreira e investigação. Também pode servir como um estudo preliminar para aprender softwares mais avançados/licenciados de Modern Wilkinson Power Divider Calculator. Os resultados devem ser demonstrados ao professor antes de serem entregues. A apresentação pode ser feita em papel ou em suporte informático. Seguir as instruções subsequentes, incluindo os prazos relevantes, dadas pelo professor. Os resultados esperados incluem um relatório em docx/pdf, em bom formato, contendo o seguinte:

i. Uma ficha de síntese do trabalho corretamente concebida e preenchida.

ii. Os dados do computador/laptop no qual serão instalados os programas informáticos Modern Wilkinson Power Divider Calculator ou onde serão acedidas as versões online do programa.

iii. Os softwares gratuitos Modern Wilkinson Power Divider Calculator baixados e seus detalhes, incluindo detalhes de instalação.

iv. Relatório de execução dos programas gratuitos Modern Wilkinson Power Divider Calculator, com cenários de demonstração dos dados introduzidos e dos resultados obtidos, eventuais pormenores sobre o nível de sucesso alcançado, etc., em cada um dos programas Modern Wilkinson Power Divider Calculator descarregados.

v. Uma análise sucessiva dos diferentes Softwares Modernos de Calculadora de Divisor de Potência Wilkinson e qual deles você considera ser o melhor como o software livre para laptop / computador.

vi. Os detalhes do smartphone/tablet no qual o software Modern Wilkinson Power Divider Calculator será instalado.

vii. Relatório de execução desses softwares Modern Wilkinson Power Divider Calculator em smartphones/tablets, com cenários de demonstração de entrada fornecida e saída alcançada, possíveis detalhes sobre o nível de sucesso alcançado, etc. em cada um dos Modern Wilkinson Power Divider Calculator Softwares.

viii. Uma análise sucessiva dos diferentes Softwares Modernos de Calculadora de Divisor de Potência Wilkinson e qual deles você considera ser o melhor suporte para smartphones / tablets.

ix. Um capítulo de conclusões exaustivo.

x. Referências em causa.

xi.   Secção "Apêndice" que tem basicamente 3 partes: a primeira parte é sobre a atribuição de tarefas no grupo, a segunda parte é sobre o agendamento das tarefas e a terceira parte é sobre as notas de supervisão da reunião e as orientações aí fornecidas.

2.3   Tarefa 5: Softwares de cálculo de eficiência de potência adicionada (PAE).

Recomendação: a realizar em grupos de 2 alunos

Duração prática sugerida - cerca de 6 horas

Pode consultar os seguintes sítios e outras fontes:

https://www.pasternack.com/t-calculator-pae.aspx
https://www.everythingrf.com/rf-calculators/rf-amplifier-pae-calculator
https://www.allaboutcircuits.com/tools/power-added-efficiency-calculator/
https://www.qorvo.com/design-hub/design-tools/interactive/pae-pdiss-tj-calculator
https://www.everythingpe.com/calculators/power-added-efficiency-calculator
https://calculator.academy/power-added-efficiency-calculator/
https://resources.pcb.cadence.com/blog/2019-drain-efficiency-vs-power-added-efficiency-pae-and-the-efficiency-assessment-of-rf-devices
https://www.fairviewmicrowave.com/t-calculator-pae.aspx
https://www.rfwireless-world.com/calculators/RF-Amplifier-PAE-calculator.html
https://www.apogeeweb.net/tools/power-added-efficiency-calculator.html
https://www.calctown.com/calculators/power-aided-efficiency
https://www.electronicsforu.com/special/power-added-efficiency-calculator
https://blog.pasternack.com/uncategorized/power-added-efficiency-pae-calculator-explained/
https://typeset.io/questions/how-much-amplifier-power-do-i-need-calculator-2u029mq3

Investigar em softwares de cálculo de eficiência energética (PAE) e sua instalação em mais de 5 softwares/apps diferentes, usando uma combinação dos seguintes métodos:

i.   Descarregue versões gratuitas de tais softwares de calculadora Modern Power Added Efficiency (PAE) e execute-os localmente no seu portátil/computador.

ii.   Descarregue versões gratuitas de tais softwares de cálculo Modern Power Added Efficiency (PAE) e execute-os localmente no seu smartphone/tablet.

Este exercício irá formar os alunos na utilização destes softwares de calculadoras modernas de eficiência energética (PAE) e nas suas opções disponíveis e apresentá-los à nova era destes softwares de calculadoras modernas de eficiência energética (PAE) em smartphones e tablets.

Um pequeno apercu de diferentes Softwares de Calculadoras de Eficiência Energética (PAE) também é abordado aqui. Estes podem ser necessários mais tarde durante o seu curso, carreira e investigação. Também pode servir como um estudo preliminar para aprender softwares mais avançados/licenciados de Calculadoras modernas de eficiência energética (PAE). Os resultados devem ser demonstrados ao professor antes de serem entregues. A apresentação pode ser feita em papel ou em suporte eletrónico. Siga as instruções subsequentes, incluindo os prazos relevantes, dadas pelo professor. Os resultados esperados incluem um relatório em docx/pdf, em bom formato, contendo o seguinte:

i.   Uma ficha de síntese do trabalho corretamente concebida e preenchida.

ii.   Os dados do computador/laptop em que serão instalados os programas informáticos modernos de cálculo da eficiência energética (PAE) ou em que serão acedidas as versões em linha do programa informático.

iii.   Os softwares gratuitos Modern Power Added Efficiency (PAE) Calculator descarregados e os seus detalhes, incluindo os detalhes de instalação.

iv.   Relatório de execução dos programas gratuitos Calculadora de eficiência energética moderna (PAE), com cenários de demonstração dos dados fornecidos e dos resultados obtidos, eventuais pormenores sobre o nível de sucesso alcançado, etc., em cada um dos programas Calculadora de eficiência energética moderna (PAE) descarregados.

v.   Uma análise sucessiva dos diferentes Softwares de Calculadora de Eficiência de Potência Acrescentada Moderna (PAE) e qual deles você considera ser o melhor como o software gratuito para laptop/computador.

vi.   Os dados do smartphone/tablet no qual será instalado o software de cálculo Modern Power Added Efficiency (PAE).

vii.   Relatório de execução dos softwares Calculadora de Eficiência Energética Moderna (PAE) em smartphones/tablets, com cenários demonstrativos de entrada fornecida e saída alcançada, possíveis detalhes sobre o nível de sucesso alcançado, etc. em cada um dos softwares Calculadora de Eficiência Energética Moderna (PAE).

viii.   Uma análise sucessiva dos diferentes softwares modernos de calculadora de eficiência energética (PAE) e qual deles considera ser o melhor suporte para smartphones/tablets.

ix.   Um capítulo de conclusões exaustivo.

x.   Referências em causa.

xi.   Secção "Apêndice" que tem basicamente 3 partes: a primeira parte é sobre a atribuição de tarefas no grupo, a segunda parte é sobre o agendamento das tarefas e a terceira parte é sobre as notas de supervisão da reunião e as orientações aí fornecidas.

2.4   Tarefa 6: Softwares de cálculo de potência com ruído térmico.

Recomendação: a realizar em grupos de 2 alunos

Duração prática sugerida - cerca de 6 horas

Pode consultar os seguintes sítios e outras fontes:

https://www.everythingrf.com/rf-calculators/noise-power-calculator

https://www.rfwireless-world.com/calculators/Thermal-Noise-Power-Calculator.html

https://www.daycounter.com/Calculators/Thermal-Noise-Calculator.phtml

https://www.fxsolver.com/browse/formulas/Noise+Power

https://www.electronics-notes.com/articles/basic_concepts/electronic-rf-noise/thermal-noise-calculations-calculator-formulas.php

https://3roam.com/ktb-thermal-noise-power-calculator/

https://calculator.academy/thermal-noise-calculator/

https://www.analog.com/en/design-notes/thermal-noise-calculator-tutorial.html

https://www.calculatoratoz.com/en/thermal-noise-power-calculator/Calc-33062

https://www.ampbooks.com/mobile/amplifier-calculators/thermal-noise/

https://www.analog.com/cn/design-notes/thermal-noise-calculator-tutorial.html

https://www.eeweb.com/thermal-noise-calculator-tutorial/

https://www.hpcalc.org/details/7341

Investigar em Softwares Calculadores de Potência de Ruído Térmico e sua instalação em mais de 5 softwares/aplicações diferentes, utilizando uma combinação dos seguintes métodos:

i.   Descarregue versões gratuitas de tais Softwares de Calculadora de Potência de Ruído Térmico Moderno e execute-os localmente no seu portátil/computador.

ii.   Descarregue versões gratuitas de tais Modern Thermal Noise Power Calculator Softwares e execute-os localmente no seu smartphone/tablet.

Este exercício irá formar os alunos na utilização de Softwares de Calculadora de Potência de Ruído Térmico Moderno e suas opções disponíveis e apresentá-los à nova era de tais Softwares de Calculadora de Potência de Ruído Térmico Moderno em smartphones e tablets. Um pequeno apercu de diferentes Softwares de Calculadora de Potência de Ruído Térmico Moderno também é abordado aqui. Estes podem ser necessários mais tarde durante o seu curso, carreira e investigação. Também pode servir como um estudo preliminar para aprender softwares mais avançados/licenciados de Modern Thermal Noise Power Calculator. Os resultados devem ser demonstrados ao professor antes de serem entregues. A entrega pode ser efectuada em papel ou em suporte informático online. Seguir as instruções subsequentes, incluindo os prazos relevantes, dadas pelo professor. Os resultados esperados incluem um relatório em docx/pdf, em bom formato, contendo o seguinte:

i.   Uma ficha de síntese do trabalho corretamente concebida e preenchida.

ii.   Os pormenores do computador/laptop em que serão instaladas as calculadoras modernas de potência de ruído térmico ou em que serão acedidas as versões de software em linha.

iii.   Os softwares gratuitos Modern Thermal Noise Power Calculator descarregados e os seus dados, incluindo os detalhes de instalação.

iv.   Relatório de execução dos programas gratuitos Calculadora de potência do ruído térmico moderno, com cenários de demonstração dos dados de entrada fornecidos e dos resultados obtidos, eventuais pormenores sobre o nível de sucesso alcançado, etc., em cada um dos programas Calculadora de potência do ruído térmico moderno descarregados.

v.   Uma análise sucessiva dos diferentes softwares de calculadora de potência de ruído térmico e qual deles você considera ser o melhor como software gratuito para laptop/computador.

vi.   Os detalhes do smartphone/tablet no qual o software Modern Thermal Noise Power Calculator será instalado.

vii.   Relatório de execução dos referidos programas de cálculo da potência do ruído térmico moderno em telemóveis/tablets, com cenários de demonstração dos dados de entrada fornecidos e dos resultados obtidos, eventuais pormenores sobre o nível de sucesso alcançado, etc., em cada um dos programas de cálculo da potência do ruído térmico moderno.

viii.   Uma análise sucessiva dos diferentes Softwares Modernos de Calculadora de Potência de Ruído Térmico e qual deles você considera ser o melhor suporte para smartphones/tablets.

ix.   Um capítulo de conclusões exaustivo.

x.   Referências em causa.

xi. Secção "Apêndice" que tem basicamente 3 partes: a primeira parte é sobre a atribuição de tarefas no grupo, a segunda parte é sobre o agendamento das tarefas e a terceira parte é sobre as notas de supervisão da reunião e as orientações aí fornecidas.

2.5 Tarefa 7: Softwares de cálculo de EIRP.

Recomendação: a realizar em grupos de 2 alunos

Duração prática sugerida - cerca de 6 horas

Pode consultar os seguintes sítios e outras fontes:

https://www.everythingrf.com/rf-calculators/eirp-effective-isotropic-radiated-power

https://www.pasternack.com/t-calculator-eirp.aspx

https://www.southwestantennas.com/calculator/eirp

https://m0ukd.com/calculators/erp-eirp-calculator/

https://www.allaboutcircuits.com/tools/eirp-calculator/

https://saving.em.keysight.com/en/calculators/eirp-calculator

https://eliterfllc.com/rf-calculators/eirp-calculator

https://www.electronicsforu.com/special/eirp-calculator

https://www.compeng.com.au/radiated-power-calculator/

https://www.electricalcalculators.org/eirp-antenna-effective-isotropic-radiated-power-formula-calculator/

https://3roam.com/eirp-calculator/

https://shopdelta.eu/e-i-r-p-effective-isotropic-radiated-power-an-equivalent-effective-isotropic-radiated-power_12_aid837.html

http://wifinigel.blogspot.com/2015/03/wi-fi-eirp-calculator.html

https://www.g4urh.co.uk/amateur_radio/watt_converter.php

http://sss-mag.com/calcdb.html

https://www.mykit.com/cq/inf_data/dBWattsERPEIRPCalculator.htm

http://www.distributed-wireless.com/calculators/EIRP.html

https://3roam.com/erp-to-eirp-calculator/

https://study-ccnp.com/what-is-effective-isotropic-radiated-power-eirp/

https://www.jotrin.com/tool/details/ERPERIPJSQ

https://www.cdt21.com/design_guide/gain-eirp-and-erp/

https://www.everythingrf.com/community/what-is-eirp

Investigar em softwares de cálculo de EIRP (Effective Isotropic Radiated Power) e sua instalação em mais de 5 softwares/aplicações diferentes, usando uma combinação dos seguintes métodos:

i.   Descarregue versões gratuitas de tais softwares de cálculo EIRP modernos e execute-os localmente no seu computador portátil/computador.

ii.   Descarregue versões gratuitas de tais softwares de calculadora EIRP modernos e execute-os localmente no seu smartphone/tablet.

Este exercício vai treinar os alunos na utilização de programas modernos de cálculo da EIRP e das opções disponíveis, bem como introduzi-los na nova era dos programas modernos de cálculo da EIRP em smartphones e tablets. Um pequeno apercu de diferentes softwares de calculadoras modernas de EIRP também é abordado aqui. Estes podem ser necessários mais tarde durante o seu curso, carreira e investigação. Também pode servir como um estudo preliminar para aprender softwares mais avançados/licenciados de calculadoras modernas de EIRP. Os resultados devem ser demonstrados ao professor antes de serem entregues. A entrega pode ser feita em papel ou em suporte eletrónico. Seguir as instruções subsequentes, incluindo os prazos relevantes, dadas pelo professor. Os resultados esperados incluem um relatório em docx/pdf, em bom formato, contendo o seguinte:

i.   Uma ficha de síntese do trabalho corretamente concebida e preenchida.

ii.   Os dados do computador/laptop em que serão instalados os programas informáticos Modern EIRP Calculator ou em que serão acedidas as versões em linha do programa.

iii.   Os softwares gratuitos Modern EIRP Calculator descarregados e os seus detalhes, incluindo os detalhes de instalação.

iv.   Relatório de execução dos programas gratuitos Calculadora EIRP moderna, com cenários de demonstração dos dados fornecidos e dos resultados obtidos, eventuais pormenores sobre o nível de sucesso alcançado, etc., em cada programa Calculadora EIRP moderna.

v.   Uma análise sucessiva dos diferentes Softwares de Calculadora EIRP Modernos e qual deles você considera ser o melhor como software livre para laptop/computador.

vi.   Os dados do smartphone/tablet no qual será instalado o software Modern EIRP Calculator.

vii.   Relatório de execução desses softwares de calculadora moderna de EIRP em smartphones/tablets, com cenários de demonstração de entrada fornecida e saída alcançada, possíveis detalhes sobre o nível de sucesso alcançado, etc. em cada software de calculadora moderna de EIRP.

viii.   Uma análise sucessiva dos diferentes Softwares Modernos de Calculadora EIRP e qual deles você considera ser o melhor suporte para smartphones/tablets.

ix.   Um capítulo de conclusões exaustivo.

x.   Referências em causa.

xi.   Secção "Apêndice" que tem basicamente 3 partes: a primeira parte é sobre a atribuição de tarefas no grupo, a segunda parte é sobre o agendamento das tarefas e a terceira parte é sobre as notas de supervisão da reunião e as orientações aí fornecidas.

Secção 3: Calculadoras de características de ondas RF.

3.1   Tarefa 8: Softwares de cálculo de zona Fresnel.

Recomendação: a realizar em grupos de 2 alunos

Duração prática sugerida - cerca de 6 horas

Pode consultar os seguintes sítios e outras fontes:

https://www.everythingrf.com/rf-calculators/fresnel-zone-calculator

https://www.acksys.fr/wp-content/uploads/2015/05/Fresnel-zone-calculator.xls

https://afar.net/fresnel-zone-calculator/

https://www.omnicalculator.com/physics/fresnel-zone

https://www.cdt21.com/technical_tools/fresnel-zone/

https://proxim.com/products/network-tools/online-calculators/fresnel-clearance-zone/

https://www.southwestantennas.com/calculator/fresnel-zone

http://netkrom.com/legado/fresnel_zone_calculator.php?re2=cal&item=resources

https://www.rfwireless-world.com/calculators/Fresnel-zone-radius-calculator.html

https://www.simrex.com/site/tools/fcs.php

https://sites.google.com/site/vilacomamala/fresnel-zone-plate-calculator

https://www.simrex.com/tools/fcs.php4

https://jrupprechtlaw.com/fresnel-zone-calculator/

http://radiomobile.pe1mew.nl/?Calculations___Propagation_calculation___Fresnel_zones

https://www.linkedin.com/posts/everythingrf_fresnel-zone-calculator-everything-rf-activity-7022250211867570176-AirI

https://www.4gon.co.uk/solutions/technical_fresnel_zones.php

https://physicscalculatorpro.com/fresnel-zone-calculator/

https://www.cctvcalculator.net/en/calculations/fresnel-zone/

https://calculatorshub.net/telecom-calculators/fresnel-zone-calculator-online/

https://www.researchgate.net/figure/Fresnel-zone-calculations-for-the-measured-distances_tbl5_327936466

https://www.scribd.com/doc/100409311/Fresnel-Zone-Calculator

https://mechatrofice.com/calculator/fresnel-zone-radius

https://3g-aerial.biz/en/online-calculations/other-calculations/fresnel-zone-calculator

https://www.hometechdiy.com/fresnel-zone-calculator/

https://wiki.seg.org/wiki/Fresnel_Zone_Calculator

Investigar em Fresnel Zone Calculator Softwares e sua instalação em 5 diferentes softwares/apps, usando uma combinação dos seguintes métodos:

i.   Descarregue versões gratuitas de tais Softwares Modernos de Calculadora de Zona Fresnel e execute-os localmente no seu portátil/computador.

ii.   Descarregue versões gratuitas destes softwares Modern Fresnel Zone Calculator e execute-os localmente no seu smartphone/tablet.

Este exercício irá treinar os alunos na utilização de softwares de calculadora de zona Fresnel moderna e suas opções disponíveis e apresentá-los à nova era de tais softwares de calculadora de zona Fresnel moderna em smartphones e tablets. Um pequeno apercu de diferentes Softwares de Calculadora de Zona Fresnel Moderna também é abordado aqui. Estes podem ser necessários mais tarde durante o seu curso, carreira e investigação. Também pode servir como um estudo preliminar para aprender softwares mais avançados/licenciados de Calculadora de Zona Fresnel Moderna. Os resultados devem ser demonstrados ao professor antes de serem entregues. A entrega pode ser feita em papel ou em suporte informático online. Seguir as instruções subsequentes, incluindo os prazos relevantes, dadas pelo professor. Os resultados esperados incluem um relatório em docx/pdf, em bom formato, contendo o seguinte:

i.   Uma ficha de síntese do trabalho corretamente concebida e preenchida.

ii.   Os dados do computador/laptop onde será instalada a Calculadora de Zona Fresnel Moderna ou onde serão acedidas as versões online do software.

iii. Os softwares gratuitos Modern Fresnel Zone Calculator descarregados e os seus detalhes, incluindo os detalhes de instalação.

iv.   Relatório de execução dos programas gratuitos Modern Fresnel Zone Calculator, com cenários de demonstração de entrada fornecida e saída alcançada, possíveis detalhes sobre o nível de sucesso alcançado, etc., em cada Modern Fresnel Zone Calculator Software.

v.   Uma análise sucessiva dos diferentes Softwares de Calculadora de Zona Fresnel Moderna e qual deles você considera ser o melhor como o software livre para laptop/computador.

vi.   Os detalhes do smartphone/tablet no qual o software Modern Fresnel Zone Calculator será instalado.

vii.   Relatório de execução desses softwares de calculadora de zona Fresnel moderna em smartphones/tablets, com cenários de demonstração de entrada fornecida e saída alcançada, possíveis detalhes sobre o nível de sucesso alcançado, etc. em cada calculadora de zona Fresnel.

viii.   Uma análise sucessiva dos diferentes Softwares de Calculadora de Zona Fresnel Moderna e qual deles você considera ser o melhor suporte para smartphones/tablets.

ix.   Um capítulo de conclusões exaustivo.

x.   Referências em causa.

xi.   Secção "Apêndice" que tem basicamente 3 partes: a primeira parte é sobre a atribuição de tarefas no grupo, a segunda parte é sobre o agendamento das tarefas e a terceira parte é sobre as notas de supervisão da reunião e as orientações aí fornecidas.

3.2   Tarefa 9: Softwares de cálculo de transmissão Friis.

Recomendação: a realizar em grupos de 2 alunos

Duração prática sugerida - cerca de 6 horas

Pode consultar os seguintes sítios e outras fontes:

https://www.pasternack.com/t-calculator-friis.aspx

https://www.everythingrf.com/rf-calculators/friis-transmission-calculator

https://www.allaboutcircuits.com/tools/friis-transmission-calculator/

https://www.random-science-tools.com/electronics/friis.htm

https://www.fairviewmicrowave.com/t-calculator-friis.aspx

https://www.southwestantennas.com/calculator/friis-transmission

https://www.electronicsforu.com/special/friis-transmission-calculator

https://www.easycalculation.com/physics/electromagnetism/friis-transmission.php

https://eliterfllc.com/rf-calculators/friis-transmission-calculator

https://www.trance-cat.com/electrical-circuit-calculators/en/friis-transmission-equation-calculator.php

https://calculator.academy/friis-equation-calculator/

https://vrcacademy.com/calculator/friis-transmission-equation-calculator/

https://www.fxsolver.com/browse/formulas/Friis Equação de transmissão com unidades de dB

https://www.pasternack.jp/t-calculator-friis.aspx

https://www.scribd.com/document/251811722/Friis-Transmission-Equation-Calculator

https://calculator.academy/friis-formula-calculator/

https://www.calculatoratoz.com/en/friis-formula-calculator/Calc-35911

https://www.fxsolver.com/browse/formulas/Friis+Transmission+equation

Investigar em Friis Transmission Calculator Softwares e sua instalação em mais de 5 diferentes softwares/apps, usando uma combinação dos seguintes métodos:

i.   Descarregue versões gratuitas de tais Modern Friis Transmission Calculator Softwares e execute-os localmente no seu computador portátil/computador.

ii.   Descarregue versões gratuitas de tais Modern Friis Transmission Calculator Softwares e execute-os localmente no seu smartphone/tablet.

Este exercício irá treinar os alunos na utilização de tais Softwares de Calculadora de Transmissão Friis Moderna e suas opções disponíveis e apresentá-los à nova era de tais Softwares de Calculadora de Transmissão Friis Moderna em smartphones e tablets. Um pequeno apercu de diferentes Softwares de Calculadora de Transmissão Friis Moderna também é abordado aqui. Estes podem ser necessários mais tarde durante o seu curso, carreira e investigação. Também pode servir como um estudo preliminar para aprender softwares mais avançados/licenciados de Calculadora de Transmissão Friis Moderna. Os resultados devem ser demonstrados ao professor antes de serem entregues. A entrega pode ser efectuada em papel ou em suporte informático. Seguir as instruções subsequentes, incluindo os prazos relevantes, dadas pelo professor. Os resultados esperados incluem um relatório em docx/pdf, em bom formato, contendo o seguinte:

i.   Uma ficha de síntese do trabalho corretamente concebida e preenchida.

ii.   Dados do computador/laptop em que serão instalados os programas informáticos Modern Friis Transmission Calculator ou em que serão acedidas as versões em linha do programa.

iii.   Os softwares gratuitos Modern Friis Transmission Calculator descarregados e os seus detalhes, incluindo os detalhes de instalação.

iv.   Relatório de execução dos programas gratuitos Calculadora de Transmissão Friis Moderna, com cenários de demonstração dos dados fornecidos e dos resultados obtidos, eventuais pormenores sobre o nível de sucesso alcançado, etc., em cada um dos programas Calculadora de Transmissão Friis Moderna descarregados.

v.   Uma análise sucessiva dos diferentes Softwares Modernos de Calculadora de Transmissão Friis e qual deles você considera ser o melhor como o software livre para laptop/computador.

vi.   Os dados do smartphone/tablet no qual o software Modern Friis Transmission Calculator será instalado.

vii.   Relatório de execução dos softwares Calculadora de Transmissão Friis Moderna em smartphones/tablets, com cenários demonstrativos de entrada fornecida e saída alcançada, possíveis detalhes sobre o nível de sucesso alcançado, etc. em cada um dos softwares Calculadora de Transmissão Friis Moderna.

viii.   Uma análise sucessiva dos diferentes Softwares Modernos de Calculadora de Transmissão Friis e qual deles você considera ser o melhor suporte para smartphones/tablets.

ix.   Um capítulo de conclusões exaustivo.

x.   Referências em causa.

xi.   Secção "Apêndice" que tem basicamente 3 partes: a primeira parte é sobre a atribuição de tarefas no grupo, a segunda parte é sobre o agendamento das tarefas e a terceira parte é sobre as notas de supervisão da reunião e as orientações aí fornecidas.

3.3   Tarefa 10: Softwares de cálculo de onda plana.

Recomendação: a realizar em grupos de 2 alunos

Duração prática sugerida - cerca de 6 horas

Pode consultar os seguintes sítios e outras fontes:

https://www.everythingrf.com/rf-calculators/plane-wave-calculator

https://docs.quantumatk.com/manual/Types/PlaneWaveCalculator/PlaneWaveCalculator.html

https://www.rfwireless-world.com/calculators/plane-wave-calculator.html

https://docs.quantumatk.com/tutorials/pw_intro/pw_intro.html

https://www.science.gov/topicpages/p/plane+wave+calculations

https://rfcalculator.com/Plane-Wave/

https://jensign.com/PW/index.html

https://www.fxsolver.com/browse/formulas/Plane onda na direção positivax

https://www.calculatoratoz.com/en/wavelength-of-plane-calculator/Calc-12138

https://apps.microsoft.com/detail/9NBLGGH519KC?hl=mk-MK&gl=EG

https://apps.microsoft.com/detail/9NBLGGH519KC?hl=cy-GB&gl=KZ

Investigar em Softwares de Calculadora de Ondas Planas e sua instalação em 5 diferentes softwares/apps, usando uma combinação dos seguintes métodos:

i.   Descarregue versões gratuitas de tais Softwares Modernos de Calculadora de Ondas Planas e execute-os localmente no seu portátil/computador.

ii.   Baixe versões gratuitas desses softwares e execute-os localmente em seu smartphone/tablet.

Este exercício irá treinar os alunos na utilização destes softwares de calculadora de ondas planas modernas e as suas opções disponíveis e apresentá-los à nova era destes softwares de calculadora de ondas planas modernas em smartphones e tablets. Um pequeno apêndice de diferentes softwares de calculadoras modernas de ondas planas também é abordado aqui. Estes podem ser necessários mais tarde durante o seu curso, carreira e investigação. Também pode servir como um estudo preliminar para aprender softwares mais avançados/licenciados de Calculadoras de Ondas Planas Modernas. Os resultados devem ser demonstrados ao professor antes de serem entregues. A entrega pode ser feita em papel ou em suporte eletrónico. Seguir as instruções subsequentes, incluindo os prazos relevantes, dadas pelo professor. Os resultados esperados incluem um relatório em docx/pdf, em bom formato, contendo o seguinte:

i.   Uma ficha de síntese do trabalho corretamente concebida e preenchida.

ii.   Os dados do computador/laptop em que será instalada a Calculadora Moderna de Ondas Planas ou em que serão acedidas as versões online do software.

iii.   Os softwares gratuitos Modern Plane Wave Calculator descarregados e os seus detalhes, incluindo os detalhes de instalação.

iv.   Relatório de execução dos softwares gratuitos Calculadora de Onda Plana Moderna, com cenários de demonstração de entrada fornecida e saída alcançada, possíveis detalhes sobre o nível de sucesso alcançado etc. em cada Calculadora de Onda Plana Moderna.

v.   Uma análise sucessiva dos diferentes Softwares Modernos de Calculadora de Ondas Planas e qual deles você considera ser o melhor como o software livre para laptop/computador.

vi.   Os detalhes do smartphone/tablet no qual o software Modern Plane Wave Calculator será instalado.

vii.   Relatório de execução desses softwares modernos de calculadora de onda plana em smartphones/tablets, com cenários de demonstração de entrada fornecida e saída alcançada, possíveis detalhes sobre o nível de sucesso alcançado, etc. em cada calculadora de onda plana.

viii.   Uma análise sucessiva dos diferentes Softwares Modernos de Calculadora de Onda Plana e qual deles você considera ser o melhor suporte para smartphones/tablets.

ix.   Um capítulo de conclusões exaustivo.

x.   Referências em causa.

xi.   Secção "Apêndice" que tem basicamente 3 partes: a primeira parte é sobre a atribuição de tarefas no grupo, a segunda parte é sobre o agendamento das tarefas e a terceira parte é sobre as notas de supervisão da reunião e as orientações aí fornecidas.

3.4   Tarefa 11: Impedância do transformador de um quarto de onda Softwares de cálculo.

Recomendação: a realizar em grupos de 2 alunos

Duração prática sugerida - cerca de 6 horas

Pode consultar os seguintes sítios e outras fontes:

https://www.everythingrf.com/rf-calculators/quarter-wave-transformer-impedance-calculator

https://calc.commscope.com/qimpedance.aspx

https://3g-aerial.biz/en/online-calculations/other-calculations/quarter-wave-transformer-impedance-calculator

https://www.arcticpeak.com/antennapages/quarter-wave_transformer.htm

https://calculator.academy/quarter-wave-transformer-calculator/

https://optics.ansys.com/hc/en-us/articles/360042041094-Quarter-wave-impedance-transformer

https://leleivre.com/rf_bramham.html

https://calculator.academy/transformer-impedance-calculator/

https://3g-aerial.biz/en/online-calculations/other-calculations/vswr-and-impedance-matching-calculator

https://www.eeweb.com/quarter-wave-transformer/

https://k6jca.blogspot.com/2021/02/the-quarter-wave-transformer-transient.html

https://daycounter.com/Calculators/Quarter-Wavelength-Transformer-Calculator

Investigar em Quarter Wave Transformer Impedance Calculator Softwares e sua instalação em 5 diferentes softwares/apps, usando uma combinação dos seguintes métodos:

i.   Baixe versões gratuitas desses softwares modernos de calculadora de impedância de transformador de quarto de onda e execute-os localmente em seu laptop / computador.

ii.   Baixe versões gratuitas desses softwares Modern Quarter Wave Transformer Impedance Calculator e execute-os localmente em seu smartphone/tablet.

Este exercício irá treinar os alunos na utilização de tais Softwares de Calculadora de Impedância de Transformador de Quarto de Onda Moderno e suas opções disponíveis e apresentá-los à nova era de tais Softwares de Calculadora de Impedância de Transformador de Quarto de Onda Moderno em smartphones e tablets. Um pequeno apercu de diferentes Softwares de Calculadora de Impedância de Transformadores de Trimestre de Onda Modernos também é abordado aqui. Estes podem ser necessários mais tarde durante o seu curso, carreira e pesquisa. Também pode servir como um estudo preliminar para aprender mais avançado/licenciado tais Modern Quarter Wave Transformer Impedance Calculator Softwares. Os resultados devem ser demonstrados ao professor, antes de serem submetidos. A apresentação pode ser feita em papel ou em suporte informático. Seguir as instruções subsequentes, incluindo os prazos relevantes, dadas pelo professor. Os resultados esperados incluem um relatório em docx/pdf, em bom formato, contendo o seguinte:

i.   Uma ficha de síntese do trabalho corretamente concebida e preenchida.

ii.   Os dados do computador/laptop no qual serão instalados os programas informáticos Modern Quarter Wave Transformer Impedance Calculator ou as versões online do software.

iii.   Os softwares gratuitos Modern Quarter Wave Transformer Impedance Calculator baixados e seus detalhes, incluindo detalhes de instalação.

iv.   Relatório de execução dos programas gratuitos Calculadora de impedância de transformador de quarto de onda moderno, com cenários de demonstração de entrada fornecida e saída alcançada, possíveis detalhes sobre o nível de sucesso alcançado etc. em cada um dos programas descarregados Calculadora de impedância de transformador de quarto de onda moderno.

v.   Uma análise sucessiva dos diferentes Softwares de Calculadora de Impedância de Transformador de Quarto de Onda Moderno e qual deles você considera ser o melhor como o software livre para laptop / computador.

vi.   Os detalhes do smartphone/tablet no qual o software Modern Quarter Wave Transformer Impedance Calculator será instalado.

vii.   Relatório de execução desses softwares Calculadora de Impedância de Transformador de Quarto de Onda Moderno em smartphones/tablets, com cenários demonstrativos de entrada fornecida e saída alcançada, possíveis detalhes sobre o nível de sucesso alcançado, etc. em cada um dos softwares Calculadora de Impedância de Transformador de Quarto de Onda Moderno.

viii. Uma análise sucessiva dos diferentes Softwares Modernos de Calculadora de Impedância de Transformador de Quarto de Onda e qual deles você considera ser o melhor suporte para smartphones/tablets.

ix. Um capítulo de conclusões exaustivo.

x. Referências em causa.

xi. Secção "Apêndice" que tem basicamente 3 partes: a primeira parte é sobre a atribuição de tarefas no grupo, a segunda parte é sobre o agendamento das tarefas e a terceira parte é sobre as notas de supervisão da reunião e as orientações aí fornecidas.

3.5   Tarefa 12: Software de cálculo de frequências ressonantes.

Recomendação: a realizar em grupos de 2 alunos

Duração prática sugerida - cerca de 6 horas

Pode consultar os seguintes sítios e outras fontes:

https://www.omnicalculator.com/physics/resonant-frequency-lc

https://goodcalculators.com/resonant-frequency-calculator/

https://www.1728.org/resfreq.htm

https://www.allaboutcircuits.com/tools/tank-circuit-resonance-calculator/

https://www.daycounter.com/Calculators/LC-Resonance-Calculator.phtml

https://www.leleivre.com/rf_resonance.html

https://www.everythingrf.com/rf-calculators/resonant-frequency-calculator

https://www.allaboutcircuits.com/tools/lc-resonance-calculator/

https://voltage-disturbance.com/engineering-calculators/resonance-calculator/

https://m0ukd.com/calculators/resonant-frequency-calculator-inductance-capacitance-lc-circuit/

https://physics.icalculator.com/series-resonant-frequency-calculator.html

https://www.learningaboutelectronics.com/Articles/LC-resonance-calculator.php

https://ohmslaw.eu/LC_resonant_frequency/330pF_47uH_MHz

https://byjus.com/l-c-resonance-calculator/

https://physics.icalculator.com/lc-resonance-calculator.html

https://www.electricalcalculators.org/rlc-resonant-frequency-calculator/

https://www.electronicsforu.com/special/lc-resonant-frequency-calculator

https://www.homepages.ed.ac.uk/jwp/radio/software/lc-calc.html

https://www.protoexpress.com/tools/rlc-resonant-frequency-and-impedance-calculator/

http://www.resfreq.com/resonancecalculator.html

http://www.csgnetwork.com/capresonancecalc.html

https://www.rfwireless-world.com/calculators/resonant-frequency-calculator.html

https://www.microwaves101.com/calculators/868-resonant-frequency-calculator

Investigue em Resonant Frequency Calculator Softwares e sua instalação em 5 diferentes softwares/apps, usando uma combinação dos seguintes métodos:

i.   Descarregue versões gratuitas de tais Softwares de Calculadora de Frequência Ressonante Moderna e execute-os localmente no seu portátil/computador.

ii.   Baixe versões gratuitas desses softwares e execute-os localmente em seu smartphone/tablet.

Este exercício irá formar os alunos na utilização destes softwares de calculadora de frequências ressonantes modernas e nas opções disponíveis e introduzi-los na nova era destes softwares de calculadora de frequências ressonantes modernas em smartphones e tablets. Um pequeno apercu de diferentes Softwares de Calculadora de Frequência Ressonante Moderna também é abordado aqui. Estes podem ser necessários mais tarde durante o seu curso, carreira e investigação. Também pode servir como um estudo preliminar para aprender softwares mais avançados/licenciados de Calculadora de Frequência Ressonante Moderna. Os resultados devem ser demonstrados ao professor antes de serem submetidos. A submissão pode ser feita em papel ou em versão eletrónica. Seguir as instruções subsequentes, incluindo os prazos relevantes, dadas pelo professor. Os resultados esperados incluem um relatório em docx/pdf, em bom formato, contendo o seguinte:

i.   Uma ficha de síntese do trabalho corretamente concebida e preenchida.

ii.   Os detalhes do computador/laptop no qual será instalada a Calculadora de Frequência Ressonante ou onde serão acedidas as versões online do software.

iii.   Os softwares gratuitos Modern Resonant Frequency Calculator descarregados e os seus detalhes, incluindo os detalhes de instalação.

iv.   Relatório de execução dos programas gratuitos Calculadora de Frequências Ressonantes Modernas, com cenários de demonstração dos dados introduzidos e dos resultados obtidos, eventuais pormenores sobre o nível de sucesso alcançado, etc., em cada um dos programas Calculadora de Frequências Ressonantes Modernas descarregados.

v.   Uma análise sucessiva dos diferentes Softwares de Calculadora de Frequência Ressonante Moderna e qual deles você considera ser o melhor como o software livre para laptop/computador.

vi.   Os detalhes do smartphone/tablet no qual o software Modern Resonant Frequency Calculator será instalado.

vii.   Relatório de execução desses Softwares de Calculadora de Frequência Ressonante Moderna em smartphones/tablets, com cenários de demonstração de entrada fornecida e saída alcançada, possíveis detalhes sobre o nível de sucesso alcançado, etc. em cada um dos Softwares de Calculadora de Frequência Ressonante Moderna.

viii.   Uma análise sucessiva dos diferentes Softwares de Calculadora de Frequência Ressonante Moderna e qual deles você considera ser o melhor suporte para smartphones/tablets.

ix.   Um capítulo de conclusões exaustivo.

x.   Referências em causa.

xi.   Secção "Apêndice" que tem basicamente 3 partes: a primeira parte é sobre a atribuição de tarefas no grupo, a segunda parte é sobre o agendamento das tarefas e a terceira parte é sobre as notas de supervisão da reunião e as orientações aí fornecidas.

3.6   Tarefa 13: Softwares de cálculo de transformadores de RF.

Recomendação: a realizar em grupos de 2 alunos

Duração prática sugerida - cerca de 6 horas

Pode consultar os seguintes sítios e outras fontes:

https://www.everythingrf.com/rf-calculators/rf-transformer-calculator

https://3roam.com/rf-transformer-calculator/

https://www.rfwireless-world.com/calculators/RF-transformer-calculator.html

https://eliterfllc.com/rf-calculators/rf-transformer-calculator

https://www.eevblog.com/forum/rf-microwave/how-do-i-calculate-a-rf-transformer/

https://www.desmos.com/calculator/my46pgdmcj

https://rfibersolutions.com/calculators/

https://www.qorvo.com/design-hub/design-tools/interactive

Investigar em softwares de cálculo de transformadores de RF e sua instalação em mais de 5 softwares/apps diferentes, usando uma combinação dos seguintes métodos:

i.   Baixe versões gratuitas desses softwares Modern RF Transformer Calculator e execute-os localmente em seu laptop/computador.

ii.   Baixe versões gratuitas desses softwares Modern RF Transformer Calculator e execute-os localmente em seu smartphone/tablet.

Este exercício treinará os alunos no uso de tais softwares de calculadora de transformador de RF moderno e suas opções disponíveis e os apresentará à nova era de tais softwares de calculadora de transformador de RF moderno em smartphones e tablets. Um pequeno apercu de diferentes softwares de calculadora de transformador de RF moderno também é abordado aqui. Estes podem ser necessários mais tarde durante o seu curso, carreira e pesquisa. Também pode servir como um estudo preliminar para aprender mais avançado / licenciado tais Softwares de Calculadora de Transformador RF Moderno. Os resultados devem ser demonstrados ao professor, antes de serem submetidos. A entrega pode ser efectuada em papel ou em suporte informático online. Seguir as instruções subsequentes, incluindo os prazos relevantes, dadas pelo professor. Os resultados esperados incluem um relatório em docx/pdf, em bom formato, contendo o seguinte:

i.   Uma ficha de síntese do trabalho corretamente concebida e preenchida.

ii.   Os detalhes do computador/laptop no qual será instalado o Modern RF Transformer Calculator ou onde serão acedidas as versões online do software.

iii.   Os softwares gratuitos Modern RF Transformer Calculator baixados e seus detalhes, incluindo detalhes de instalação.

iv.   Relatório de execução dos softwares gratuitos Calculadora de transformador RF moderno, com cenários de demonstração de entrada fornecida e saída alcançada, possíveis detalhes sobre o nível de sucesso alcançado etc. em cada Calculadora de transformador RF moderno.

v.   Uma análise sucessiva dos diferentes Softwares Modernos de Calculadora de Transformador RF e qual deles você considera ser o melhor como o software livre para laptop / computador.

vi.   Os detalhes do smartphone/tablet no qual o software Modern RF Transformer Calculator será instalado.

vii.   Relatório de execução desses softwares de calculadora de transformador de RF moderno em smartphones/tablets, com cenários de demonstração de entrada fornecida e saída alcançada, possíveis detalhes sobre o nível de sucesso alcançado, etc. em cada um dos softwares de calculadora de transformador de RF moderno.

viii.   Uma análise sucessiva dos diferentes Softwares Modernos de Calculadora de Transformador de RF e qual deles você considera ser o melhor suporte para smartphones/tablets.

ix.   Um capítulo de conclusões exaustivo.

x.   Referências em causa.

xi.   Secção "Apêndice" que tem basicamente 3 partes: a primeira parte é sobre a atribuição de tarefas no grupo, a segunda parte é sobre o agendamento das tarefas e a terceira parte é sobre as notas de supervisão da reunião e as orientações aí fornecidas.

3.7   Tarefa 14: Softwares de calculadora de filtro passa-banda de micro-ondas.

Recomendação: a realizar em grupos de 2 alunos

Duração prática sugerida - cerca de 6 horas

Pode consultar os seguintes sítios e outras fontes:

https://www.everythingrf.com/rf-calculators/microwave-bpf-calculator

https://www.elliptika.com/en/microwave_calculators/waveguide-post-filter-calculator/

https://www.rfwireless-world.com/calculators/RF-filter-calculator.html

https://www.rfwireless-world.com/IoT/

https://www.ee-diary.com/2023/03/active-band-pass-filter-calculator.html

https://www.changpuak.ch/electronics/Simple_Bandpass.php

https://www.rfwireless-world.com/calculators/Microwave-BPF-calculator.html

https://www.changpuak.ch/electronics/Narrow_Bandpass_2.php

https://rfcalculator.com/Low-pass-filter/

https://www.dxzone.com/dx34890/bandpass-filter-calculator.html

https://www.jotrin.com/tool/details/DTLBQSJJSQ

https://www.learningaboutelectronics.com/Articles/Bandpass-filter-calculator.php

Investigar em Softwares de Calculadora de Filtro Passa Banda de Micro-ondas e sua instalação em mais de 5 softwares/aplicações diferentes, usando uma combinação dos seguintes métodos:

i.   Descarregue versões gratuitas de tais Modern Microwave Band Pass Filter Calculator Softwares e execute-os localmente no seu computador portátil/computador.

ii.   Descarregue versões gratuitas de tais softwares Modern Microwave Band Pass Filter Calculator e execute-os localmente no seu smartphone/tablet.

Este exercício irá formar os alunos na utilização de Softwares de Calculadora de Filtro Passa-Faixa de Micro-ondas Modernos e suas opções disponíveis e apresentá-los à nova era de tais Softwares de Calculadora de Filtro Passa-Faixa de Micro-ondas Modernos em smartphones e tablets. Um pequeno apêndice de diferentes softwares de calculadora de filtro de passagem de banda de micro-ondas moderno também é abordado aqui. Estes podem ser necessários mais tarde durante o seu curso, carreira e investigação. Também pode servir como um estudo preliminar para aprender mais avançado/licenciado tais Softwares de Calculadora de Filtro de Passagem de Banda de Micro-ondas Moderno. Os resultados devem ser demonstrados ao professor antes de serem entregues. A entrega pode ser efectuada em papel ou em suporte informático online. Seguir as instruções subsequentes, incluindo os prazos relevantes, dadas pelo professor. Os resultados esperados incluem um relatório em docx/pdf, em bom formato, contendo o seguinte:

i.   Uma ficha de síntese do trabalho corretamente concebida e preenchida.

ii.   Os dados do computador/laptop no qual será instalada a calculadora do filtro passa-banda de micro-ondas ou onde serão acedidas as versões em linha do software.

iii.   Os softwares gratuitos Modern Microwave Band Pass Filter Calculator baixados e seus detalhes, incluindo detalhes de instalação.

iv.   Relatório de execução dos programas gratuitos Modern Microwave Band Pass Filter Calculator, com cenários de demonstração dos dados introduzidos e dos resultados obtidos, eventuais pormenores sobre o nível de sucesso alcançado, etc., em cada um dos programas Modern Microwave Band Pass Filter Calculator descarregados.

v.   Uma análise sucessiva dos diferentes Softwares Modernos de Calculadora de Filtro Passa Banda para Micro-ondas e qual deles você considera ser o melhor como software livre para laptop/computador.

vi.   Os detalhes do smartphone/tablet no qual o software Modern Microwave Band Pass Filter Calculator será instalado.

vii.   Relatório de execução dos softwares Calculadora de Filtro Passa Banda de Micro-ondas Moderno em smartphones/tablets, com cenários demonstrativos de entrada fornecida e saída alcançada, possíveis detalhes sobre o nível de sucesso alcançado, etc. em cada um dos softwares Calculadora de Filtro Passa Banda de Micro-ondas Moderno.

viii.   Uma análise sucessiva dos diferentes softwares modernos de calculadora de filtro passa-banda para micro-ondas e qual deles considera ser o melhor suporte para smartphones/tablets.

ix.   Um capítulo de conclusões exaustivo.

x.   Referências em causa.

xi.   Secção "Apêndice" que tem basicamente 3 partes: a primeira parte é sobre a atribuição de tarefas no grupo, a segunda parte é sobre o agendamento das tarefas e a terceira parte é sobre as notas de supervisão da reunião e as orientações aí fornecidas.

3.8   Tarefa 15: Software de cálculo do sinal mínimo detetável.

Recomendação: a realizar em grupos de 2 alunos

Duração prática sugerida - cerca de 6 horas

Pode consultar os seguintes sítios e outras fontes:

https://www.everythingrf.com/rf-calculators/minimum-detectable-signal-calculator

https://www.rfwireless-world.com/calculators/MDS-calculator.html

http://web.bluecomtech.com/everything%20RF%20Calculators/www.everythingrf.com/rf-calculators/minimum-detectable-signal-calculator.html

https://www.aj4co.org/Calculators/Minimum_Detectable_Signal.html

https://rfcalculator.com/SFDR-Calculator/

https://www.calctown.com/calculators/radar-range-calculator

https://www.radartutorial.eu/09.receivers/rx51.en.html

https://www.calculatoratoz.com/en/minimum-detectable-signal-calculator/Calc-10328

https://www.allmath.com/radar-range.php

https://www.tutorialspoint.com/radar_systems/radar_systems_performance_factors.htm

https://play.google.com/store/apps/details?id=com.eeautocalc.radarrangeequation&hl=en&gl=US

Investigar em Softwares de Cálculo de Sinal Mínimo Detetável e sua instalação em mais de 5 softwares/apps diferentes, utilizando uma combinação dos seguintes métodos:

i.   Descarregue versões gratuitas destas calculadoras de sinais mínimos detectáveis modernos e execute-as localmente no seu portátil/computador.

ii.   Descarregue versões gratuitas de tais Modern Minimum Detectable Signal Calculator Softwares e execute-os localmente no seu smartphone/tablet.

Este exercício irá formar os alunos na utilização destes programas de cálculo de sinais mínimos detectáveis modernos e nas opções disponíveis, bem como introduzi-los na nova era dos programas de cálculo de sinais mínimos detectáveis modernos em smartphones e tablets. Um pequeno apercu de diferentes softwares de calculadora de sinais mínimos detectáveis modernos também é abordado aqui. Estes podem ser necessários mais tarde durante o seu curso, carreira e investigação. Também pode servir como um estudo preliminar para aprender softwares mais avançados/licenciados de Calculadora de Sinais Mínimos Detectáveis Modernos. Os resultados devem ser demonstrados ao professor antes de serem entregues. A apresentação pode ser feita em papel ou em suporte informático. Seguir as instruções subsequentes, incluindo os prazos relevantes, dadas pelo professor. Os resultados esperados incluem um relatório em docx/pdf, em bom formato, contendo o seguinte:

i. Uma ficha de síntese do trabalho corretamente concebida e preenchida.

ii. Dados do computador/laptop em que serão instalados os programas informáticos de cálculo do sinal mínimo detetável moderno ou em que serão acedidas as versões em linha do programa informático.

iii. Os softwares gratuitos Modern Minimum Detectable Signal Calculator baixados e seus detalhes, incluindo detalhes de instalação.

iv. Relatório de execução dos programas gratuitos Calculadora de Sinais Mínimos Detectáveis Modernos, com cenários de demonstração dos dados fornecidos e dos resultados obtidos, eventuais pormenores sobre o nível de sucesso alcançado, etc., em cada um dos programas Calculadora de Sinais Mínimos Detectáveis Modernos descarregados.

v. Uma análise sucessiva das diferentes calculadoras de sinal mínimo detetável e qual delas considera ser a melhor como software gratuito para computador portátil/computador.

vi. Os dados do smartphone/tablet no qual será instalado o software de cálculo do sinal mínimo detetável moderno.

vii. Relatório de execução dos referidos programas de cálculo de sinais mínimos detectáveis modernos em telemóveis/tablets, com cenários de demonstração dos dados fornecidos e dos resultados obtidos, eventuais pormenores sobre o nível de sucesso alcançado, etc., em cada um dos programas de cálculo de sinais mínimos detectáveis modernos.

viii. Uma análise sucessiva das diferentes calculadoras modernas de sinal mínimo detetável e qual delas considera ser o melhor suporte para telemóveis/tablets.

ix. Um capítulo de conclusões exaustivo.

x. Referências em causa.

xi. Secção "Apêndice" que tem basicamente 3 partes: a primeira parte é sobre a atribuição de tarefas no grupo, a segunda parte é sobre o agendamento das tarefas e a terceira parte é sobre as notas de supervisão da reunião e as orientações aí fornecidas.

3.9   Tarefa 16: Software de cálculo da gama dinâmica sem espúrios.

Recomendação: a realizar em grupos de 2 alunos

Duração prática sugerida - cerca de 6 horas

Pode consultar os seguintes sítios e outras fontes:

https://www.everythingrf.com/rf-calculators/spurious-free-dynamic-range

https://leleivre.com/rf_sfdr.html

https://www.rfwireless-world.com/calculators/SFDR-calculator.html

https://3roam.com/spurious-free-dynamic-range-sfdr-calculator/

http://web.bluecomtech.com/everything%20RF%20Calculators/www.everythingrf.com/rf-calculators/spurious-free-dynamic-range.html

https://eliterfllc.com/rf-calculators/spurious-free-dynamic-range

https://www.ni.com/en/support/documentation/supplemental/18/specifications-explained--spurious-free-dynamic-range--sfdr-.html

https://www.analog.com/en/design-center/interactive-design-tools/data-conversion-calculator.html

https://www.everythingrf.com/community/what-is-spurious-free-dynamic-range

https://rfcalculator.com/

https://eng.libretexts.org/Bookshelves/Electrical_Engineering/Electronics/Microwave_and_RF_Design_IV%3A_Modules_(Steer)/04%3A_Noise_Distortion_and_Dynamic_Range/4.07%3A_Dynamic_Range

Investigar em Spurious Free Dynamic Range Calculator Softwares e sua instalação em 5 diferentes softwares/apps, usando uma combinação dos seguintes métodos:

i.   Baixe versões gratuitas desses softwares Modern Spurious Free Dynamic Range Calculator e execute-os localmente em seu laptop/computador.

ii.   Baixe versões gratuitas desses softwares Modern Spurious Free Dynamic Range Calculator e execute-os localmente em seu smartphone/tablet.

Este exercício irá formar os alunos na utilização de Softwares de Calculadora de Gama Dinâmica Livre de Espúrios Modernos e suas opções disponíveis e introduzi-los na nova era de tais Softwares de Calculadora de Gama Dinâmica Livre de Espúrios Modernos em smartphones e tablets. Um pequeno apêndice de diferentes Softwares de Calculadora de Faixa Dinâmica Livre de Espúrios Modernos também é abordado aqui. Estes podem ser necessários mais tarde durante o seu curso, carreira e investigação. Também pode servir como um estudo preliminar para a aprendizagem de softwares mais avançados/licenciados de Calculadora de Alcance Dinâmico Livre de Espúrios Modernos. Os resultados devem ser demonstrados ao professor, antes de serem submetidos. A apresentação pode ser feita em papel ou em suporte informático. Seguir as instruções subsequentes, incluindo os prazos relevantes, dadas pelo professor. Os resultados esperados incluem um relatório em docx/pdf, em bom formato, contendo o seguinte:

i.   Uma ficha de síntese do trabalho corretamente concebida e preenchida.

ii.   Os pormenores do computador/laptop no qual serão instalados os programas informáticos Modern Spurious Free Dynamic Range Calculator ou onde serão acedidas as versões online do programa.

iii.   Os softwares gratuitos Modern Spurious Free Dynamic Range Calculator descarregados e os seus detalhes, incluindo os detalhes de instalação.

iv.   Relatório de execução dos programas gratuitos Modern Spurious Free Dynamic Range Calculator, com cenários de demonstração dos dados de entrada fornecidos e dos resultados obtidos, eventuais pormenores sobre o nível de sucesso alcançado, etc., em cada um dos programas Modern Spurious Free Dynamic Range Calculator descarregados.

v.   Uma análise sucessiva dos diferentes Softwares de Calculadora de Alcance Dinâmico sem Espúrios Modernos e qual deles você considera ser o melhor como o software livre para laptop/computador.

vi.   Os detalhes do smartphone/tablet no qual o software Modern Spurious Free Dynamic Range Calculator será instalado.

vii.   Relatório de execução desses softwares Modern Spurious Free Dynamic Range Calculator em smartphones/tablets, com cenários de demonstração de entrada fornecida e saída alcançada, possíveis detalhes sobre o nível de sucesso alcançado, etc. em cada um dos softwares Modern Spurious Free Dynamic Range Calculator.

viii. Uma análise sucessiva das diferentes calculadoras modernas de gama dinâmica sem espúrios e qual delas considera ser o melhor suporte para telemóveis/tablets.

ix.   Um capítulo de conclusões exaustivo.

x.   Referências em causa.

xi.   Secção "Apêndice" que tem basicamente 3 partes: a primeira parte é sobre a atribuição de tarefas no grupo, a segunda parte é sobre o agendamento das tarefas e a terceira parte é sobre as notas de supervisão da reunião e as orientações aí fornecidas.

3.10 Tarefa 17: Softwares de cálculo de comprimento de reflectometria no domínio do tempo (TDR).

Recomendação: a realizar em grupos de 2 alunos

Duração prática sugerida - cerca de 6 horas

Pode consultar os seguintes sítios e outras fontes:

https://www.everythingrf.com/rf-calculators/time-domain-reflectometry-length-calculator
https://www.rfwireless-world.com/calculators/Time-Domain-Reflectometry-length-calculator.html
https://eliterfllc.com/rf-calculators/time-domain-reflectometry-length-calculator
https://www.fxsolver.com/browse/formulas/Time-domain_reflectometria%28_coeficiente_de_reflexão-carga resistiva%29
https://www.analog.com/en/technical-articles/propagation-delay-measurements-using-tdr-timedomain-reflectometry.html
https://www.cronologic.de/applications/time-domain-reflectometry
https://labmodules.soilweb.ca/time-domain-reflectometry/
https://cdnsciencepub.com/doi/10.1139/T09-018
https://www.capterra.com/glossary/tdr-time-domain-reflectometry/
https://www.everythingrf.com/rf-calculators
https://www.tequipment.net/tdr-and-cable-length-meters/

Investigar em softwares de cálculo de comprimento de reflectometria no domínio do tempo (TDR) e sua instalação em 5 softwares/aplicações diferentes, usando uma combinação dos seguintes métodos:

i.   Descarregue versões gratuitas de tais softwares modernos de cálculo de comprimento de reflectometria no domínio do tempo (TDR) e execute-os localmente no seu computador portátil/computador.

ii.   Descarregue versões gratuitas de tais softwares modernos de cálculo de comprimento de reflectometria no domínio do tempo (TDR) e execute-os localmente no seu smartphone/tablet.

Este exercício irá formar os alunos na utilização destes softwares de calculadora de comprimento de reflectometria no domínio do tempo (TDR) e suas opções disponíveis e apresentá-los à nova era destes softwares de calculadora de comprimento de reflectometria no domínio do tempo (TDR) em smartphones e tablets. Um pequeno apêndice de diferentes softwares de cálculo de comprimento de Reflectometria no Domínio do Tempo (TDR) moderno também é abordado aqui. Estes podem ser necessários mais tarde durante o seu curso, carreira e investigação. Também pode servir como um estudo preliminar para a aprendizagem de programas mais avançados/licenciados de Calculadora de Comprimento de Reflectometria no Domínio do Tempo Moderno (TDR). Os resultados devem ser demonstrados ao professor antes da entrega. A apresentação pode ser feita em papel ou em suporte informático. Seguir as instruções subsequentes, incluindo os prazos relevantes, dadas pelo professor. Os resultados esperados incluem um relatório em docx/pdf, em bom formato, contendo o seguinte:

i.   Uma ficha de síntese do trabalho corretamente concebida e preenchida.

ii.   Os dados do computador/laptop no qual serão instalados os programas informáticos modernos de cálculo de comprimentos por reflectometria no domínio do tempo (TDR) ou onde serão acedidas as versões online do programa informático.

iii.   Os softwares gratuitos Modern Time Domain Reflectometry (TDR) Length Calculator descarregados e os seus detalhes, incluindo os detalhes de instalação.

iv.   Relatório de execução dos softwares gratuitos Modern Time Domain Reflectometry (TDR) Length Calculator, com cenários de demonstração de entrada fornecida e saída alcançada, possíveis detalhes sobre o nível de sucesso alcançado etc. em cada software Modern Time Domain Reflectometry (TDR) Length Calculator.

v.   Uma análise sucessiva dos diferentes Softwares Modernos de Calculadora de Comprimento de Reflectometria no Domínio do Tempo (TDR) e qual deles você considera ser o melhor como software livre para laptop/computador.

vi.   Os detalhes do smartphone/tablet no qual o software Modern Time Domain Reflectometry (TDR) Length Calculator será instalado.

vii.   Relatório de execução desses softwares modernos de calculadora de comprimento de reflectometria no domínio do tempo (TDR) em smartphones/tablets, com cenários de demonstração de entrada fornecida e saída alcançada, possíveis detalhes sobre o nível de sucesso alcançado, etc. em cada calculadora de comprimento de reflectometria no domínio do tempo (TDR).

viii.   Uma análise sucessiva dos diferentes softwares modernos de cálculo de comprimento de reflectometria no domínio do tempo (TDR) e qual deles considera ser o melhor suporte para smartphones/tablets.

ix.   Um capítulo de conclusões exaustivo.

x.   Referências em causa.

xi.   Secção "Apêndice" que tem basicamente 3 partes: a primeira parte é sobre a atribuição de tarefas no grupo, a segunda parte é sobre o agendamento das tarefas e a terceira parte é sobre as notas de supervisão da reunião e as orientações aí fornecidas.

3.11   Tarefa 18: Softwares de calculadora CRA.

Recomendação: a realizar em grupos de 2 alunos

Duração prática sugerida - cerca de 6 horas

Pode consultar os seguintes sítios e outras fontes:

https://www.electronicsforu.com/special/capacitance-reactance-admittance-calculator
https://www.pasternack.com/t-calculator-cra.aspx
https://www.digikey.com/en/resources/conversion-calculators/conversion-calculator-reactance
https://www.allaboutcircuits.com/tools/inductance-reactance-and-admittance-calculator/
https://www.omnicalculator.com/physics/capacitive-reactance
https://www.homemade-circuits.com/capacitance-reactance-and-admittance-calculator/
https://www.electrical4u.net/calculator/capacitance-reactance-and-admittance-calculator/
https://zalophusdokdo.github.io/ConversionCalculators/en/conversion-calculator-reactance.html
https://www.rfcables.org/reactance-calculator.html
https://www.microwaves101.com/calculators/867-reactance-calculator
https://www.utmel.com/tools/reactance-calculator?id=14
https://www.66pacific.com/calculators/capacitive-reactance-calculator.aspx
https://www.rfwireless-world.com/calculators/inductive-reactance-calculator-and-capacitive-reactance-calculator.html
https://www.allmath.com/capacitive-reactance.php
https://www.tutorchase.com/answers/a-level/physics/what-is-capacitive-reactance-and-how-is-it-calculated
https://www.electronicsforu.com/electronics-calculators
https://www.allaboutcircuits.com/tools/capacitance-reactance-and-admittance-calculator/
https://www.everythingrf.com/rf-calculators/cra-calculator

Investigar em softwares de cálculo de CRA (Reactância e Admitância Capacitiva) e a sua instalação em mais de 5 softwares/aplicações diferentes, utilizando uma combinação dos seguintes métodos:

i.	Descarregue versões gratuitas de tais softwares de calculadoras CRA modernas e execute-as localmente no seu computador portátil/computador.

ii.	Descarregue versões gratuitas de tais softwares de calculadoras CRA modernas e execute-as localmente no seu smartphone/tablet.

Este exercício irá formar os alunos na utilização destes programas modernos de calculadoras CRA e nas opções disponíveis, bem como introduzi-los na nova era dos programas modernos de calculadoras CRA em smartphones e tablets. Um pequeno apercu de diferentes softwares de calculadoras modernas de CRA também é abordado aqui. Estes podem ser necessários mais tarde durante o seu curso, carreira e investigação. Também pode servir como um estudo preliminar para aprender softwares mais avançados/licenciados de calculadoras modernas de CRA. Os resultados devem ser demonstrados ao professor antes de serem entregues. A entrega pode ser efectuada em papel ou em suporte informático. Seguir as instruções subsequentes, incluindo os prazos relevantes, dadas pelo professor. Os resultados esperados incluem um relatório em docx/pdf, em bom formato, contendo o seguinte:

i.	Uma ficha de síntese do trabalho corretamente concebida e preenchida.

ii.	Os dados do computador/laptop em que serão instalados os programas informáticos "Modern CRA Calculator" ou em que serão acedidas as versões online do programa.

iii.	Os programas gratuitos Modern CRA Calculator descarregados e os respectivos detalhes, incluindo os da instalação.

iv.	Relatório de execução dos programas gratuitos Calculadora CRA moderna, com cenários de demonstração dos dados de entrada fornecidos e dos resultados obtidos, eventuais pormenores sobre o nível de sucesso alcançado, etc., em cada um dos programas Calculadora CRA moderna descarregados.

v.	Uma análise sucessiva dos diferentes softwares de calculadora CRA modernos e qual deles você considera ser o melhor software gratuito para laptop/computador.

vi.	Os dados do smartphone/tablet no qual será instalado o software Calculadora CRA moderna.

vii.	Relatório de execução desses softwares de cálculo de CRA modernos em smartphones/tablets, com cenários de demonstração de entrada fornecida e saída alcançada, possíveis detalhes sobre o nível de sucesso alcançado, etc. em cada um dos softwares de cálculo de CRA modernos.

viii.	Uma análise sucessiva dos diferentes softwares modernos de calculadoras CRA e qual deles considera ser o melhor suporte para smartphones/tablets.

ix.   Um capítulo de conclusões exaustivo.

x.   Referências em causa.

xi.   Secção "Apêndice" que tem basicamente 3 partes: a primeira parte é sobre a atribuição de tarefas no grupo, a segunda parte é sobre o agendamento das tarefas e a terceira parte é sobre as notas de supervisão da reunião e as orientações aí fornecidas.

3.12   Tarefa 19: Softwares de cálculo de IRA.

Recomendação: a realizar em grupos de 2 alunos

Duração prática sugerida - cerca de 6 horas

Pode consultar os seguintes sítios e outras fontes:

https://www.allaboutcircuits.com/tools/inductance-reactance-and-admittance-calculator/

https://www.digikey.com/en/resources/conversion-calculators/conversion-calculator-reactance

https://www.omnicalculator.com/physics/inductive-reactance

https://eliterfllc.com/rf-calculators/inductance-reactance-admittance-calculator

https://www.easybom.com/conversion-tools/reactance-calculator

https://zalophusdokdo.github.io/ConversionCalculators/en/conversion-calculator-reactance.html

https://www.66pacific.com/calculators/inductive-reactance-calculator.aspx

https://www.utmel.com/tools/reactance-calculator?id=14

https://engineering.icalculator.com/electrical-admittance-calculator.html

https://www.microwaves101.com/calculators/867-reactance-calculator

https://www.rfwireless-world.com/calculators/inductive-reactance-calculator-and-capacitive-reactance-calculator.html

https://www.rfcables.org/reactance-calculator.html

https://calculator.swiftutors.com/admittance-calculator.html

https://www.electronicsforu.com/special/capacitance-reactance-admittance-calculator

https://www.calctool.org/electronics/inductive-reactance

http://web.bluecomtech.com/everything%20RF%20Calculators/www.everythingrf.com/rf-calculators/inductance-reactance-admittance-calculator.html

https://www.digikey.hu/hu/resources/conversion-calculators/conversion-calculator-reactance

https://app.calctree.com/public/Inductive-Reactance-Calculator--gRBpetTszWPC13c3UKLDYK

https://byjus.com/jee/inductive-reactance-and-capacitive-reactance/

http://mustcalculate.com/electronics/inductivereactance.php

Investigar em softwares de cálculo de IRA (reactância indutiva e admitância) e a sua instalação em mais de 5 softwares/apps diferentes, utilizando uma combinação dos seguintes métodos:

i. Descarregue versões gratuitas de tais Softwares Modernos de Calculadora IRA e execute-os localmente no seu portátil/computador.

ii. Descarregue versões gratuitas de tais softwares Modern IRA Calculator e execute-os localmente no seu smartphone/tablet.

Este exercício irá formar os alunos na utilização dos programas informáticos de cálculo IRA modernos e das opções disponíveis, bem como introduzi-los na nova era dos programas informáticos de cálculo IRA modernos em smartphones e tablets. Um pequeno apercu de diferentes Softwares de Calculadoras IRA Modernas também é abordado aqui. Estes podem ser necessários mais tarde durante o seu curso, carreira e investigação. Também pode servir como um estudo preliminar para aprender softwares mais avançados/licenciados de calculadoras modernas de IRA. Os resultados devem ser demonstrados ao professor antes de serem entregues. O trabalho pode ser apresentado em papel ou em suporte eletrónico. Seguir as instruções subsequentes, incluindo os prazos relevantes, dadas pelo professor. Os resultados esperados incluem um relatório em docx/pdf, em bom formato, contendo o seguinte:

i. Uma ficha de síntese do trabalho corretamente concebida e preenchida.

ii. Dados do computador/portátil em que serão instalados os programas informáticos Modern IRA Calculator ou em que serão acedidas as versões online do programa.

iii. Os softwares gratuitos Modern IRA Calculator baixados e seus detalhes, incluindo detalhes de instalação.

iv. Relatório de execução dos softwares gratuitos Calculadora IRA Moderna, com cenários de demonstração de entrada fornecida e saída alcançada, possíveis detalhes sobre o nível de sucesso alcançado etc. em cada Calculadora IRA Moderna.

v. Uma análise sucessiva dos diferentes Softwares Modernos de Calculadora IRA e qual deles você considera ser o melhor como o software gratuito para laptop/computador.

vi. Os dados do smartphone/tablet no qual o software Modern IRA Calculator será instalado.

vii. Relatório de execução desses softwares de calculadora IRA moderna em smartphones/tablets, com cenários de demonstração de entrada fornecida e saída alcançada, possíveis detalhes sobre o nível de sucesso alcançado, etc. em cada um dos softwares de calculadora IRA moderna.

viii.   Uma análise sucessiva dos diferentes Softwares Modernos de Calculadoras IRA e qual deles você considera ser o melhor suporte para smartphones/tablets.

ix.   Um capítulo de conclusões exaustivo.

x.   Referências em causa.

xi.   Secção "Apêndice" que tem basicamente 3 partes: a primeira parte é sobre a atribuição de tarefas no grupo, a segunda parte é sobre o agendamento das tarefas e a terceira parte é sobre as notas de supervisão da reunião e as orientações aí fornecidas.

Secção 4: Dispositivos de RF Calculadoras.

4.1   Tarefa 20: Ligar softwares de cálculo de orçamento.

Recomendação: a realizar em grupos de 2 alunos

Duração prática sugerida - cerca de 6 horas

Pode consultar os seguintes sítios e outras fontes:

https://www.pasternack.com/t-calculator-link-budget.aspx

https://www.everythingrf.com/rf-calculators/link-budget-calculator

https://www.southwestantennas.com/calculator/link-budget

https://afar.net/rf-link-budget-calculator/

https://www.allaboutcircuits.com/tools/link-budget-calculator/

https://www.corning.com/optical-communications/worldwide/en/home/Resources/system-design-calculators/link-loss-budget-calculator.html

http://lbc.siklu.com/

https://www.solwise.co.uk/wireless-linkbudgettool.html

https://smw.se/smw-link/

https://www.l3harris.com/sites/default/files/2022-10/cs-bcs-link-budget-calculator-sell-sheet.pdf

https://en.jirous.com/calculation-wifi

https://5g-tools.com/4g-lte-link-budget-calculator/

https://www.satsig.net/linkbugt.htm

https://wisigroup.com/data-center/link-budget-calculator/

https://3roam.com/rf-link-budget-calculator/

https://tachyon-networks.com/calc.html

https://umt-tv.com/link-budget-calculator

https://www.analog.com/en/technical-articles/radio-linkbudget-calculations-for-ismrf-products.html

https://www.mathworks.com/discovery/link-budget.html

https://blog.wifibooster.eu/wifi-link-budget-calculator/

https://wiki.lm-technologies.com/wireless-link-budget-calculator/

https://www.planet.com.tw/en/tools/wlan-calculator

https://www.apogeeweb.net/tools/link-budget-calculator.html

https://www.osstp.org/linkbudgetcalculator

https://www.rfwireless-world.com/calculators/rf-budget-calculator.html

https://www.l3harris.com/all-capabilities/link-budget-calculator

https://www.gpsnetworking.com/linkbudget

https://www.bluwireless.com/link-budget-tool/

https://www.corning.com/optical-communications/cala/pt/home/Resources/system-design-calculators/link-loss-budget-calculator.html

https://5g-tools.com/5g-nr-link-budget-calculator/

https://www.mathworks.com/help/comm/ug/link-budget-analysis.html

https://www.combausa.com/en/tech-briefs/calculating-link-budget-public-safety-uplink

https://rfelements.com/calc

https://nrcalculator.firebaseapp.com/nrlinkbudget.html

https://www.scribd.com/document/358882072/Link-Budget-Calculator

https://community.ui.com/questions/Link-Budget-Calculator/e2d8ae81-4dfe-49de-a0b8-8e6b49a23f1b

https://app.anteral.com/linkbudget

Investigar em Link Budget Calculator Softwares e sua instalação em 5 diferentes softwares/apps, usando uma combinação dos seguintes métodos:

i.   Descarregue versões gratuitas de tais Modern Link Budget Calculator Softwares e execute-os localmente no seu computador portátil/computador.

ii.   Descarregue versões gratuitas de tais Modern Link Budget Calculator Softwares e execute-os localmente no seu smartphone/tablet.

Este exercício irá formar os alunos na utilização destes softwares de cálculo orçamental para ligações modernas e nas opções disponíveis, bem como introduzi-los na nova era destes softwares de cálculo orçamental para ligações modernas em smartphones e tablets. Um pequeno apercu de diferentes softwares de calculadora de orçamento de ligação moderna também é abordado aqui. Estes podem ser necessários mais tarde durante o seu curso, carreira e investigação. Também pode servir como um estudo preliminar para aprender softwares mais avançados/licenciados de Calculadora de Orçamento de Ligações Modernas. Os resultados devem ser demonstrados ao professor antes de serem entregues. A entrega pode ser efectuada em papel ou em suporte informático. Seguir as instruções subsequentes, incluindo os prazos relevantes, dadas pelo professor. Os resultados esperados incluem um relatório em docx/pdf, em bom formato, contendo o seguinte:

i.   Uma ficha de síntese do trabalho corretamente concebida e preenchida.

ii.   Os dados do computador/laptop em que serão instaladas as calculadoras orçamentais Modern Link ou em que serão acedidas as versões em linha do software.

iii.   Os softwares gratuitos Modern Link Budget Calculator descarregados e os seus detalhes, incluindo os detalhes de instalação.

iv.   Relatório de execução dos programas gratuitos Modern Link Budget Calculator, com cenários de demonstração dos dados fornecidos e dos resultados obtidos, eventuais pormenores sobre o nível de sucesso alcançado, etc., em cada Modern Link Budget Calculator.

v.   Uma análise sucessiva dos diferentes Softwares Modern Link Budget Calculator e qual deles você considera ser o melhor como software livre para laptop/computador.

vi.   Os dados do smartphone/tablet no qual o software Modern Link Budget Calculator será instalado.

vii.   Relatório de execução dessas calculadoras orçamentais Modern Link em telemóveis/tablets, com cenários de demonstração dos dados fornecidos e dos resultados obtidos, possíveis pormenores sobre o nível de sucesso alcançado, etc., em cada calculadora orçamental Modern Link.

viii.   Uma análise sucessiva dos diferentes Softwares Modern Link Budget Calculator e qual deles você considera ser o melhor suporte para smartphones/tablets.

ix.   Um capítulo de conclusões exaustivo.

x.   Referências em causa.

xi.   Secção "Apêndice" que tem basicamente 3 partes: a primeira parte é sobre a atribuição de tarefas no grupo, a segunda parte é sobre o agendamento das tarefas e a terceira parte é sobre as notas de supervisão da reunião e as orientações aí fornecidas.

4.2   Tarefa 21: Software de cálculo da frequência de corte do cabo coaxial.

Recomendação: a realizar em grupos de 2 alunos

Duração prática sugerida - cerca de 6 horas

Pode consultar os seguintes sítios e outras fontes:

https://www.everythingrf.com/rf-calculators/coaxial-cable-cutoff-frequency-calculator

https://eliterfllc.com/rf-calculators/coax-calculator

https://www.translatorscafe.com/unit-converter/da-DK/calculator/coaxial-cable/

https://www.microwaves101.com/encyclopedias/coax-cutoff-frequency

https://timesmicrowave.com/calculator/

https://sengpielaudio.com/calculator-cable.htm

Investigue em Coaxial Cable Cutoff Frequency Calculator Softwares e sua instalação em mais de 5 diferentes softwares / aplicativos, usando uma combinação dos seguintes métodos:

i.   Descarregue versões gratuitas de tais Modern Coaxial Cable Cutoff Frequency Calculator Softwares e execute-os localmente no seu portátil/computador.

ii.   Baixe versões gratuitas desses softwares Modern Coaxial Cable Cutoff Frequency Calculator e execute-os localmente em seu smartphone/tablet.

Este exercício irá treinar os alunos na utilização de tais Softwares de Calculadora de Frequência de Corte de Cabos Coaxiais Modernos e suas opções disponíveis e apresentá-los à nova era de tais Softwares de Calculadora de Frequência de Corte de Cabos Coaxiais Modernos em smartphones e tablets. Um pequeno apercu de diferentes Softwares de Calculadora de Frequência de Corte de Cabos Coaxiais Modernos também é abordado aqui. Estes podem ser necessários mais tarde durante o seu curso, carreira e investigação. Também pode servir como um estudo preliminar para aprender mais avançado/licenciado tais Modern Coaxial Cable Cutoff Frequency Calculator Softwares. Os resultados devem ser demonstrados ao professor antes de serem entregues. A apresentação pode ser feita em papel ou em suporte eletrónico. Seguir as instruções subsequentes, incluindo os prazos relevantes, dadas pelo docente. Os resultados esperados incluem um relatório em docx/pdf, em bom formato, contendo o seguinte:

i.   Uma ficha de síntese do trabalho corretamente concebida e preenchida.

ii.   Os detalhes do computador/laptop no qual serão instalados os softwares Modern Coaxial Cable Cutoff Frequency Calculator ou as versões online do software.

iii.   Os softwares gratuitos Modern Coaxial Cable Cutoff Frequency Calculator baixados e seus detalhes, incluindo detalhes de instalação.

iv.   Relatório de execução dos programas gratuitos Modern Coaxial Cable Cutoff Frequency Calculator, com cenários de demonstração dos dados introduzidos e dos resultados obtidos, eventuais pormenores sobre o nível de sucesso alcançado, etc., em cada um dos programas Modern Coaxial Cable Cutoff Frequency Calculator descarregados.

v.   Uma análise sucessiva das diferentes calculadoras de frequência de corte de cabos coaxiais modernos e qual delas considera ser a melhor como software gratuito para computador portátil/computador.

vi.   Os detalhes do smartphone/tablet no qual o software Modern Coaxial Cable Cutoff Frequency Calculator será instalado.

vii.   Relatório de execução desses softwares Calculadora de Frequência de Corte de Cabos Coaxiais Modernos em smartphones/tablets, com cenários demonstrativos de entrada fornecida e saída alcançada, possíveis detalhes sobre o nível de sucesso alcançado, etc. em cada um dos softwares Calculadora de Frequência de Corte de Cabos Coaxiais Modernos.

viii.   Uma análise sucessiva dos diferentes softwares de calculadora de frequência de corte de cabo coaxial moderno e qual deles você considera ser o melhor suporte para smartphones / tablets.

ix.   Um capítulo de conclusões exaustivo.

x.   Referências em causa.

xi.   Secção "Apêndice" que tem basicamente 3 partes: a primeira parte é sobre a atribuição de tarefas no grupo, a segunda parte é sobre o agendamento das tarefas e a terceira parte é sobre as notas de supervisão da reunião e as orientações aí fornecidas.

4.3   Tarefa 22: Softwares de cálculo de impedância de cabos coaxiais.

Recomendação: a realizar em grupos de 2 alunos

Duração prática sugerida - cerca de 6 horas

Pode consultar os seguintes sítios e outras fontes:

https://www.pasternack.com/t-calculator-coax-cutoff.aspx

https://www.everythingrf.com/rf-calculators/coaxial-cable-calculator

https://www.allaboutcircuits.com/tools/coax-impedance-calculator/

https://www.eeweb.com/tools/coax/

https://www.rfcables.org/coax-calculator.html

https://www.ainfoinc.com/t-calculator-coax-cutoff

https://www.electronicsforu.com/special/coax-impedance-calculator

https://www.datasheets.com/tools/cable-impedance-calculator

https://www.translatorscafe.com/unit-converter/uk-UA/calculator/coaxial-cable/

https://www.omnicalculator.com/other/cable-impedance

https://www.rfwireless-world.com/calculators/coaxial-cable-impedance-calculator.html

https://www.trance-cat.com/electrical-circuit-calculators/en/coaxial-impedance-calculator.php

https://space.mit.edu/RADIO/CST_online/mergedProjects/3D/cbls/meshing_modeling/imped ance_calculator.htm

https://blog.pasternack.com/coaxial-cable/coaxial-cable-impedance-calculator/

https://rfcalculator.com/Coaxial-impedance/
https://eliterfllc.com/rf-calculators/coaxial-cable-impedance-calculator
https://www.calculators.live/coaxial-line-impedance-calculator
https://www.electronics-notes.com/articles/antennas-propagation/rf-feeders-transmission-lines/coaxial-cable-characteristic-impedance.php

Investigue em Coaxial Cable Impedance Calculator Softwares e sua instalação em mais de 5 diferentes softwares/apps, usando uma combinação dos seguintes métodos:

i.   Descarregue versões gratuitas de tais Softwares Modernos de Calculadora de Impedância de Cabo Coaxial e execute-os localmente no seu portátil/computador.

ii.   Descarregue versões gratuitas de tais softwares Modern Coaxial Cable Impedance Calculator e execute-os localmente no seu smartphone/tablet.

Este exercício irá treinar os alunos na utilização de tais softwares de calculadora de impedância de cabos coaxiais modernos e suas opções disponíveis e apresentá-los à nova era de tais softwares de calculadora de impedância de cabos coaxiais modernos em smartphones e tablets. Um pequeno apercu de diferentes Softwares de Calculadora de Impedância de Cabos Coaxiais Modernos também é abordado aqui. Estes podem ser necessários mais tarde durante o seu curso, carreira e investigação. Também pode servir como um estudo preliminar para aprender mais avançado/licenciado tais Softwares de Calculadora de Impedância de Cabos Coaxiais Modernos. Os resultados devem ser demonstrados ao professor antes de serem entregues. A apresentação pode ser feita em papel ou em suporte informático. Seguir as instruções subsequentes, incluindo os prazos relevantes, dadas pelo professor. Os resultados esperados incluem um relatório em docx/pdf, em bom formato, contendo o seguinte:

i.   Uma ficha de síntese do trabalho corretamente concebida e preenchida.

ii.   Os dados do computador/laptop em que serão instalados os programas informáticos Modern Coaxial Cable Impedance Calculator ou em que serão acedidas as versões online do programa.

iii.   Os softwares gratuitos Modern Cable Impedance Calculator baixados e seus detalhes, incluindo detalhes de instalação.

iv.   Relatório de execução dos softwares gratuitos Calculadora de Impedância de Cabos Coaxiais Modernos, com cenários de demonstração de entrada fornecida e saída alcançada, possíveis detalhes sobre o nível de sucesso alcançado etc. em cada um dos softwares Calculadora de Impedância de Cabos Coaxiais Modernos descarregados.

v.   Uma análise sucessiva dos diferentes Softwares de Calculadora de Impedância de Cabo Coaxial Moderno e qual deles você considera ser o melhor como o software livre para laptop/computador.

vi.   Os detalhes do smartphone/tablet no qual o software Modern Coaxial Cable Impedance Calculator será instalado.

vii.   Relatório de execução desses softwares Calculadora de Impedância de Cabos Coaxiais Modernos em smartphones/tablets, com cenários demonstrativos de entrada fornecida e saída alcançada, possíveis detalhes sobre o nível de sucesso alcançado, etc. em cada um dos softwares Calculadora de Impedância de Cabos Coaxiais Modernos.

viii.   Uma análise sucessiva dos diferentes Softwares Modernos de Calculadora de Impedância de Cabo Coaxial e qual deles você considera ser o melhor suporte para smartphones/tablets.

ix.   Um capítulo de conclusões exaustivo.

x.   Referências em causa.

xi.   Secção "Apêndice" que tem basicamente 3 partes: a primeira parte é sobre a atribuição de tarefas no grupo, a segunda parte é sobre o agendamento das tarefas e a terceira parte é sobre as notas de supervisão da reunião e as orientações aí fornecidas.

4.4   Tarefa 23: Softwares de cálculo de figura de ruído em cascata.

Recomendação: a realizar em grupos de 2 alunos

Duração prática sugerida - cerca de 6 horas

Pode consultar os seguintes sítios e outras fontes:

https://www.pasternack.com/t-calculator-noise-figure.aspx

https://www.everythingrf.com/rf-calculators/cascaded-noise-figure-gain-calculator

https://leleivre.com/rf_cascade_nf.html

https://www.qorvo.com/design-hub/design-tools/interactive/cascade-calculator

https://www.omnicalculator.com/physics/noise-figure

https://www.allaboutcircuits.com/tools/noise-figure-calculator/

https://www.emtalk.com/tools/noise-figure-calculator.php

https://www.rfcafe.com/references/electrical/noise-figure.htm

https://www.rfwireless-world.com/calculators/Aggregate-noise-figure.html

https://www.changpuak.ch/electronics/calc_01.php

https://www.abex.co.uk/sales/calculators/noise_figure_cascade/index.php

https://www.rfwireless-world.com/calculators/Cascaded-Gain-Noise-figure-calculator.html

https://www.microwaves101.com/calculators/859-cascade-calculator

https://www.rfcafe.com/references/calculators/noise-figure-temperature-calculator.htm

https://3roam.com/noise-figure-to-noise-fator-calculator/

https://www.microwavejournal.com/articles/31470-cascade-analysis-calculator

https://leleivre.com/rf_noise_temperature.html

https://www.pinterest.com/pin/the-rf-calculators-include-the-pasternack-cascaded-noise-figure-calculator-of-the-rf-calculators-this-one-computes-the-total-noise-a--592927107161473780/

https://www.eeweb.com/cascaded-noise-figure/

https://www.vu2ese.com/index.php/2021/05/17/cascade-calculator/

Investigar em Cascaded Noise Figure Calculator Softwares e a sua instalação em 5 softwares/apps diferentes, utilizando uma combinação dos seguintes métodos:

i.   Descarregue versões gratuitas de tais Modern Cascaded Noise Figure Calculator Softwares e execute-os localmente no seu portátil/computador.

ii.   Descarregue versões gratuitas de tais Modern Cascaded Noise Figure Calculator Softwares e execute-os localmente no seu smartphone/tablet.

Este exercício irá formar os alunos na utilização de Softwares de Calculadora de Ruído de Cascata Moderna e suas opções disponíveis e apresentá-los à nova era de tais Softwares de Calculadora de Ruído de Cascata Moderna em smartphones e tablets. Um pequeno apercu de diferentes softwares de calculadora de figura de ruído em cascata moderna também é abordado aqui. Estes podem ser necessários mais tarde durante o seu curso, carreira e investigação. Também pode servir como um estudo preliminar para aprender softwares mais avançados/licenciados de Calculadora de Figura de Ruído em Cascata Moderna. Os resultados devem ser demonstrados ao professor antes de serem submetidos. A apresentação pode ser feita em papel ou em suporte informático. Seguir as instruções subsequentes, incluindo os prazos relevantes, dadas pelo professor. Os resultados esperados incluem um relatório em docx/pdf, em bom formato, contendo o seguinte:

i.   Uma ficha de síntese do trabalho corretamente concebida e preenchida.

ii.   Os dados do computador/laptop no qual serão instaladas as calculadoras modernas de figuras de ruído em cascata ou onde serão acedidas as versões em linha do software.

iii.   Os softwares gratuitos Modern Cascaded Noise Figure Calculator baixados e seus detalhes, incluindo detalhes de instalação.

iv.   Relatório de execução dos programas gratuitos Modern Cascaded Noise Figure Calculator, com cenários de demonstração dos dados fornecidos e dos resultados obtidos, eventuais pormenores sobre o nível de sucesso alcançado, etc., em cada um dos programas descarregados Modern Cascaded Noise Figure Calculator.

v.   Uma análise sucessiva dos diferentes softwares de calculadora de figura de ruído em cascata modernos e qual deles você considera ser o melhor como software livre para laptop / computador.

vi.   Os detalhes do smartphone/tablet no qual o software Modern Cascaded Noise Figure Calculator será instalado.

vii.   Relatório de execução desses softwares de cálculo de figura de ruído em cascata moderna em smartphones/tablets, com cenários de demonstração de entrada fornecida e saída alcançada, possíveis detalhes sobre o nível de sucesso alcançado, etc. em cada um dos softwares de cálculo de figura de ruído em cascata moderna.

viii.   Uma análise sucessiva dos diferentes softwares modernos de calculadora de figura de ruído em cascata e qual deles você considera ser o melhor suporte para smartphones/tablets.

ix.   Um capítulo de conclusões exaustivo.

x.   Referências em causa.

xi.   Secção "Apêndice" que tem basicamente 3 partes: a primeira parte é sobre a atribuição de tarefas no grupo, a segunda parte é sobre o agendamento das tarefas e a terceira parte é sobre as notas de supervisão da reunião e as orientações aí fornecidas.

4.5   Tarefa 24: Softwares de cálculo de microfita.

Recomendação: a realizar em grupos de 2 alunos

Duração prática sugerida - cerca de 6 horas

Pode consultar os seguintes sítios e outras fontes:

https://www.emtalk.com/mscalc.php

https://www.pasternack.com/t-calculator-microstrip.aspx

https://www.microwaves101.com/calculators/1201-microstrip-calculator

https://www.emtalk.com/mpacalc.php

http://pwcircuits.co.uk/microstrip-line-calculator/

http://www17.plala.or.jp/i-lab/tool/sus_ms_e.htm

https://mcalc.sourceforge.net/

https://web.mit.edu/~geda/arch/i386_rhel3/versions/20050830/html/mcalc-1.5/

https://www.rfwireless-world.com/calculators/Microstrip-Width-Calculator.html

https://flexautomotive.net/flexcalc/microstrip/microstrip.aspx

https://wcalc.sourceforge.net/cgi-bin/microstrip.cgi

https://www.microwaves101.com/encyclopedias/microstrip

https://observablehq.com/@drom/microstrip-calculator

Investigar em Softwares de Calculadora Microstrip e a sua instalação em mais de 5 softwares/aplicações diferentes, utilizando uma combinação dos seguintes métodos:

i.   Descarregue versões gratuitas destas calculadoras modernas de microfita e execute-as localmente no seu portátil/computador.

ii.   Baixe versões gratuitas desses softwares Modern Microstrip Calculator e execute-os localmente em seu smartphone/tablet.

Este exercício irá treinar os alunos na utilização de Softwares de Calculadora Microstrip Moderna e suas opções disponíveis e apresentá-los à nova era de tais Softwares de Calculadora Microstrip Moderna em smartphones e tablets. Um pequeno apercu de diferentes Softwares de Calculadora Microstrip Moderna também é abordado aqui. Estes podem ser necessários mais tarde durante o seu curso, carreira e investigação. Também pode servir como um estudo preliminar para a aprendizagem de softwares mais avançados/licenciados de Calculadora de Microfita Moderna. Os resultados devem ser demonstrados ao professor, antes de serem submetidos. A entrega pode ser efectuada em papel ou em suporte informático. Seguir as instruções subsequentes, incluindo os prazos relevantes, dadas pelo professor. Os resultados esperados incluem um relatório em docx/pdf, em bom formato, contendo o seguinte:

i.   Uma ficha de síntese do trabalho corretamente concebida e preenchida.

ii.   Os dados do computador/laptop em que serão instaladas as calculadoras modernas de microfita ou em que serão acedidas as versões online do software.

iii.   Os softwares gratuitos Modern Microstrip Calculator descarregados e os seus detalhes, incluindo os detalhes de instalação.

iv.   Relatório de execução dos softwares gratuitos Modern Microstrip Calculator, com cenários de demonstração de entrada fornecida e saída alcançada, possíveis detalhes sobre o nível de sucesso alcançado etc. em cada Modern Microstrip Calculator.

v.   Uma análise sucessiva dos diferentes Softwares Modernos de Calculadora de Microfita e qual deles você considera ser o melhor como software livre para laptop/computador.

vi.   Os detalhes do smartphone/tablet no qual o software Modern Microstrip Calculator será instalado.

vii.   Relatório de execução desses softwares de calculadora moderna de microfita em smartphones/tablets, com cenários de demonstração de entrada fornecida e saída alcançada, possíveis detalhes sobre o nível de sucesso alcançado, etc. em cada calculadora de microfita.

viii.   Uma análise sucessiva dos diferentes Softwares Modernos de Calculadora Microstrip e qual deles você considera ser o melhor suporte para smartphones/tablets.

ix.   Um capítulo de conclusões exaustivo.

x.   Referências em causa.

xi.   Secção "Apêndice" que tem basicamente 3 partes: a primeira parte é sobre a atribuição de tarefas no grupo, a segunda parte é sobre o agendamento das tarefas e a terceira parte é sobre as notas de supervisão da reunião e as orientações aí fornecidas.

4.6   Tarefa 25: Softwares de cálculo de parâmetros de cristais de quartzo.

Recomendação: a realizar em grupos de 2 alunos

Duração prática sugerida - cerca de 6 horas

Pode consultar os seguintes sítios e outras fontes:

https://ham.stackexchange.com/questions/16960/how-to-measure-quartz-crystal-motional-parameters-using-a-vna

https://www.semanticscholar.org/paper/Quartz-Crystal-Resonator-Parameter-Calculation-on-Sakti/220a2f7e26c2161dff817530ef1501f5cd577813

https://www.neliti.com/publications/153151/quartz-crystal-resonator-parameter-calculation-based-on-impedance-analyser-measu

https://www.everythingrf.com/rf-calculators/quartz-crystal-parameter-calculator

https://www.rfwireless-world.com/calculators/quartz-crystal-parameter-calculator.html

Investigue em Quartz Crystal Parameter Calculator Softwares e sua instalação em mais de 5 diferentes softwares / aplicativos, usando uma combinação dos seguintes métodos:

i.   Descarregue versões gratuitas de tais softwares de cálculo de parâmetros de cristais de quartzo modernos e execute-os localmente no seu computador portátil/computador.

ii.   Descarregue versões gratuitas de tais softwares de calculadora de parâmetros de cristais de quartzo modernos e execute-os localmente no seu smartphone/tablet.

Este exercício irá formar os alunos na utilização destes softwares de cálculo dos parâmetros dos cristais de quartzo modernos e das opções disponíveis, bem como introduzi-los na nova era dos softwares de cálculo dos parâmetros dos cristais de quartzo modernos em smartphones e tablets. Um pequeno apêndice de diferentes softwares de calculadora de parâmetros de cristais de quartzo modernos também é abordado aqui. Estes podem ser necessários mais tarde durante o seu curso, carreira e investigação. Também pode servir como um estudo preliminar para a aprendizagem de softwares mais avançados/licenciados de Calculadora de Parâmetros de Cristais de Quartzo Modernos. Os resultados devem ser demonstrados ao professor antes de serem submetidos. A apresentação pode ser feita em papel ou em suporte informático. Seguir as instruções subsequentes, incluindo os prazos relevantes, dadas pelo professor. Os resultados esperados incluem um relatório em docx/pdf, em bom formato, contendo o seguinte:

i.   Uma ficha de síntese do trabalho corretamente concebida e preenchida.

ii.   Os dados do computador/laptop no qual serão instaladas as calculadoras de parâmetros de cristais de quartzo ou onde serão acedidas as versões online do software.

iii.   Os softwares gratuitos Modern Quartz Crystal Parameter Calculator baixados e seus detalhes, incluindo detalhes de instalação.

iv.   Relatório de execução dos programas gratuitos Calculadora de Parâmetros de Cristais de Quartzo Modernos, com cenários de demonstração dos dados introduzidos e dos resultados obtidos, eventuais pormenores sobre o nível de sucesso alcançado, etc., em cada um dos programas Calculadora de Parâmetros de Cristais de Quartzo Modernos descarregados.

v.   Uma análise sucessiva dos diferentes softwares de cálculo de parâmetros de cristais de quartzo e qual deles você considera ser o melhor como software livre para laptop / computador.

vi.   Os detalhes do smartphone/tablet no qual o software Modern Quartz Crystal Parameter Calculator será instalado.

vii.   Relatório de execução dos softwares Calculadora de Parâmetros de Cristais de Quartzo Modernos em smartphones/tablets, com cenários demonstrativos de entrada fornecida e saída alcançada, possíveis detalhes sobre o nível de sucesso alcançado, etc. em cada um dos softwares Calculadora de Parâmetros de Cristais de Quartzo Modernos.

viii.   Uma análise sucessiva dos diferentes Softwares de Calculadora de Parâmetros de Cristais de Quartzo Modernos e qual deles você considera ser o melhor suporte para smartphones/tablets.

ix.   Um capítulo de conclusões exaustivo.

x.   Referências em causa.

xi.   Secção "Apêndice" que tem basicamente 3 partes: a primeira parte é sobre a atribuição de tarefas no grupo, a segunda parte é sobre o agendamento das tarefas e a terceira parte é sobre as notas de supervisão da reunião e as orientações aí fornecidas.

4.7   Tarefa 26: Softwares de calculadora Reflex Klystron.

Recomendação: a realizar em grupos de 2 alunos

Duração prática sugerida - cerca de 6 horas

Pode consultar os seguintes sítios e outras fontes:

https://www.rfwireless-world.com/calculators/reflex-klystron-calculator.html
https://www.everythingrf.com/rf-calculators/reflex-klystron-calculator
https://www.calctown.com/calculators/reflex-klystron-calculator
https://www.calculatoratoz.com/en/bunching-parameter-of-klystron-calculator/Calc-13895
https://www.calculatoratoz.com/en/mutual-conductance-of-klystron-amplifier-calculator/Calc-13903
https://www.rfwireless-world.com/calculators/
https://www.electronicsandcommunications.com/2019/09/reflex-klystron-oscillator-theory.html

Investigue em Reflex Klystron Calculator Softwares e sua instalação em 5 diferentes softwares / aplicativos, usando uma combinação dos seguintes métodos:

i.   Descarregue versões gratuitas de tais Modern Reflex Klystron Calculator Softwares e execute-os localmente no seu computador portátil/computador.

ii.   Baixe versões gratuitas desses softwares Modern Reflex Klystron Calculator e execute-os localmente em seu smartphone/tablet.

Este exercício irá formar os alunos na utilização de Softwares de Calculadoras Modernas Reflex Klystron e as suas opções disponíveis e apresentá-los à nova era de Softwares de Calculadoras Modernas Reflex Klystron em smartphones e tablets. Um pequeno apercu de diferentes Softwares de Calculadoras Modernas Reflex Klystron também é abordado aqui. Estes podem ser necessários mais tarde durante o seu curso, carreira e investigação. Pode também servir como um estudo preliminar para a aprendizagem de softwares mais avançados/licenciados de Calculadoras Modernas de Reflexo Klystron. Os resultados devem ser demonstrados ao professor antes de serem entregues. A entrega pode ser feita em papel ou em suporte informático. Siga as instruções subsequentes, incluindo os prazos relevantes, dadas pelo professor. Os resultados esperados incluem um relatório em docx/pdf, em bom formato, contendo o seguinte:

i.   Uma ficha de síntese do trabalho corretamente concebida e preenchida.

ii.   Os dados do computador/laptop em que serão instaladas as calculadoras Modern Reflex Klystron ou em que serão acedidas as versões em linha do software.

iii.   Os softwares gratuitos Modern Reflex Klystron Calculator baixados e seus detalhes, incluindo detalhes de instalação.

iv.   Relatório de execução dos softwares gratuitos Calculadora Modern Reflex Klystron, com cenários de demonstração de entrada fornecida e saída alcançada, possíveis detalhes sobre o nível de sucesso alcançado etc. em cada Calculadora Modern Reflex Klystron.

v.   Uma análise sucessiva dos diferentes softwares Modern Reflex Klystron Calculator e qual deles você considera o melhor como o software livre para laptop / computador.

vi.   Os detalhes do smartphone/tablet no qual o software Modern Reflex Klystron Calculator será instalado.

vii.   Relatório de execução desses softwares Modern Reflex Klystron Calculator em smartphones/tablets, com cenários de demonstração de entrada fornecida e saída alcançada, possíveis detalhes sobre o nível de sucesso alcançado, etc. em cada um dos softwares Modern Reflex Klystron Calculator.

viii.   Uma análise sucessiva dos diferentes softwares de calculadora Modern Reflex Klystron e qual deles você considera ser o melhor suporte para smartphones / tablets.

ix.   Um capítulo de conclusões exaustivo.

x.   Referências em causa.

xi.   Secção "Apêndice" que tem basicamente 3 partes: a primeira parte é sobre a atribuição de tarefas no grupo, a segunda parte é sobre o agendamento das tarefas e a terceira parte é sobre as notas de supervisão da reunião e as orientações aí fornecidas.

4.8   Tarefa 27: Software de cálculo de díodos varactores.

Recomendação: a realizar em grupos de 2 alunos

Duração prática sugerida - cerca de 6 horas

Pode consultar os seguintes sítios e outras fontes:

https://www.everythingrf.com/rf-calculators/varactor-diode-calculator

https://eliterfllc.com/rf-calculators/varactor-diode-calculator

https://www.rfwireless-world.com/calculators/Varactor-diode-calculator.html

https://www.calculatoratoz.com/en/capacitance-of-varactor-diode-calculator/Calc-2435

https://www.rfwireless-world.com/Terminology/varactor-diode-basics-and-applications.html

Investigue em Varactor Diode Calculator Softwares e sua instalação em mais de 5 diferentes softwares / aplicativos, usando uma combinação dos seguintes métodos:

i.   Descarregue versões gratuitas de tais Softwares Modernos de Calculadora de Diodo Varactor e execute-os localmente no seu portátil/computador.

ii.   Baixe versões gratuitas desses softwares Modern Varactor Diode Calculator e execute-os localmente em seu smartphone/tablet.

Este exercício irá formar os alunos na utilização destes softwares de calculadora de díodos varactores modernos e nas suas opções disponíveis e apresentá-los à nova era destes softwares de calculadora de díodos varactores modernos em smartphones e tablets. Um pequeno apercu de diferentes Softwares de Calculadora de Diodo Varactor Moderno também é abordado aqui. Estes podem ser necessários mais tarde durante o seu curso, carreira e investigação. Também pode servir como um estudo preliminar para aprender mais avançado / licenciado tais Softwares de Calculadora de Diodo Varactor Moderno. Os resultados devem ser demonstrados ao professor antes de serem entregues. A apresentação pode ser feita em papel ou em suporte informático. Seguir as instruções subsequentes, incluindo os prazos relevantes, dadas pelo professor. Os resultados esperados incluem um relatório em docx/pdf, em bom formato, contendo o seguinte:

i.   Uma ficha de síntese do trabalho corretamente concebida e preenchida.

ii.   Os dados do computador/laptop em que serão instaladas as calculadoras modernas de díodos varactores ou em que serão acedidas as versões online do software.

iii.   Os softwares gratuitos Modern Varactor Diode Calculator baixados e seus detalhes, incluindo detalhes de instalação.

iv.   Relatório de execução dos softwares gratuitos Calculadora de Diodo Varactor Moderno, com cenários de demonstração de entrada fornecida e saída alcançada, possíveis detalhes sobre o nível de sucesso alcançado etc. em cada Calculadora de Diodo Varactor Moderno.

v.   Uma análise sucessiva dos diferentes Softwares Modernos de Calculadora de Diodo Varactor e qual deles você considera ser o melhor como o software livre para laptop / computador.

vi.   Os detalhes do smartphone/tablet no qual o software Modern Varactor Diode Calculator será instalado.

vii.   Relatório de execução desses softwares Calculadora de Diodo Varactor Moderno em smartphones/tablets, com cenários de demonstração de entrada fornecida e saída alcançada, possíveis detalhes sobre o nível de sucesso alcançado, etc. em cada um dos softwares Calculadora de Diodo Varactor Moderno.

viii.   Uma análise sucessiva dos diferentes Softwares Modernos de Calculadora de Diodo Varactor e qual deles você considera ser o melhor suporte para smartphones/tablets.

ix.   Um capítulo de conclusões exaustivo.

x.   Referências em causa.

xi.   Secção "Apêndice" que tem basicamente 3 partes: a primeira parte é sobre a atribuição de tarefas no grupo, a segunda parte é sobre o agendamento das tarefas e a terceira parte é sobre as notas de supervisão da reunião e as orientações aí fornecidas.

4.9   Tarefa 28: Softwares de cálculo de acopladores direcionais.

Recomendação: a realizar em grupos de 2 alunos

Duração prática sugerida - cerca de 6 horas

Pode consultar os seguintes sítios e outras fontes:

https://www.everythingrf.com/rf-calculators/directional-coupler-calculator

https://www.rfcafe.com/references/calculators/directional-coupler-calculator.htm

https://www.rfwireless-world.com/calculators/Directional-Coupler-calculator.html

https://eliterfllc.com/rf-calculators/directional-coupler-calculator

http://www17.plala.or.jp/i-lab/tool/DC_e.htm

http://web.bluecomtech.com/everything%20RF%20Calculators/www.everythingrf.com/rf-calculators/directional-coupler-calculator.html

http://theengineeringguy.com/directional_coupler.aspx

https://www.edaboard.com/threads/directional-coupler-calculate-directivity-from-s-parameters-vna.405745/

https://rickettslab.org/rabbit-radar/directional-coupler/

https://www.microwaves101.com/encyclopedias/directional-couplers

https://www.everythingrf.com/rf-calculators/unequal-split-branchline-couplers-calculator

https://www.rfcafe.com/references/electrical/directional-coupler.htm

https://michaelgellis.tripod.com/rfcoupler.html
http://www17.plala.or.jp/i-lab/tool/DC.htm
https://www.rfmentor.com/tags/directional-coupler

Investigar em softwares de cálculo de acopladores direccionais e a sua instalação em mais de 5 softwares/aplicações diferentes, utilizando uma combinação dos seguintes métodos

i.   Faça o download de versões gratuitas desses softwares de calculadora de acoplador direcional moderno e execute-os localmente em seu laptop / computador.

ii.   Baixe versões gratuitas desses softwares Modern Directional Coupler Calculator e execute-os localmente em seu smartphone/tablet.

Este exercício irá treinar os alunos na utilização de tais softwares de calculadora de acoplador direcional moderno e suas opções disponíveis e apresentá-los à nova era de tais softwares de calculadora de acoplador direcional moderno em smartphones e tablets. Um pequeno apercu de diferentes softwares de calculadora de acoplador direcional moderno também é abordado aqui. Estes podem ser necessários mais tarde durante o seu curso, carreira e investigação. Também pode servir como um estudo preliminar para aprender mais avançado / licenciado tais Softwares de Calculadora de Acoplador Direcional Moderno. Os resultados devem ser demonstrados ao professor, antes de serem submetidos. A apresentação pode ser feita em papel ou em suporte informático. Seguir as instruções subsequentes, incluindo os prazos relevantes, dadas pelo professor. Os resultados esperados incluem um relatório em docx/pdf, em bom formato, contendo o seguinte:

i.   Uma ficha de síntese do trabalho corretamente concebida e preenchida.

ii.   Os dados do computador/laptop em que serão instaladas as calculadoras de acoplamento direcional ou em que serão acedidas as versões de software em linha.

iii.   Os softwares gratuitos Modern Directional Coupler Calculator baixados e seus detalhes, incluindo detalhes de instalação.

iv.   Relatório de execução dos programas gratuitos Calculadora de Acopladores Direccionais Modernos, com cenários de demonstração dos dados fornecidos e dos resultados obtidos, eventuais pormenores sobre o nível de sucesso alcançado, etc., em cada um dos programas Calculadora de Acopladores Direccionais Modernos descarregados.

v.   Uma análise sucessiva dos diferentes softwares de calculadora de acoplador direcional moderno e qual deles você considera o melhor como o software livre para laptop / computador.

vi.   Os detalhes do smartphone/tablet no qual o software Modern Directional Coupler Calculator será instalado.

vii.   Relatório de execução desses softwares de calculadora de acoplador direcional moderno em smartphones/tablets, com cenários de demonstração de entrada fornecida e saída alcançada, possíveis detalhes sobre o nível de sucesso alcançado, etc. em cada um dos softwares de calculadora de acoplador direcional moderno.

viii.   Uma análise sucessiva dos diferentes Softwares de Calculadora de Acoplador Direcional Moderno e qual deles você considera ser o melhor suporte para smartphones/tablets.

ix.   Um capítulo de conclusões exaustivo.

x.   Referências em causa.

xi.   Secção "Apêndice" que tem basicamente 3 partes: a primeira parte é sobre a atribuição de tarefas no grupo, a segunda parte é sobre o agendamento das tarefas e a terceira parte é sobre as notas de supervisão da reunião e as orientações aí fornecidas.

Secção 5: Calculadoras de qualidade de RF .

5.1   Tarefa 29: Software de cálculo de perda de trajetória em espaço livre.

Recomendação: a realizar em grupos de 2 alunos

Duração prática sugerida - cerca de 6 horas

Pode consultar os seguintes sítios e outras fontes:

https://www.pasternack.com/t-calculator-fspl.aspx

https://www.everythingrf.com/rf-calculators/free-space-path-loss-calculator

https://www.southwestantennas.com/calculator/fspl

https://www.omnicalculator.com/physics/free-space-path-loss

https://www.allaboutcircuits.com/tools/free-space-path-loss-calculator/

https://www.ahsystems.com/EMC-formulas-equations/FreeSpacePathLossCalculator.php

https://5g-tools.com/free-space-path-loss-calculator/

https://leleivre.com/rf_pathloss.html

https://www.pasternack.jp/t-calculator-fspl.aspx

https://www.electronics-notes.com/articles/antennas-propagation/propagation-overview/free-space-path-loss.php

https://www.isghq.com/calc/path_lossmain.php

https://www.qsl.net/pa2ohh/jsffield.htm

https://www.electronicsforu.com/special/free-space-path-loss-calculator

https://www.calctool.org/electromagnetism/free-space-path-loss

https://telecom-knowledge.blogspot.com/p/free-space-path-loss-calculator.html

https://3roam.com/free-space-path-loss-calculator/

https://www.rfwireless-world.com/calculators/Free-Space-Path-Loss-Calculator.html

https://www.emc-directory.com/calculators/free-space-path-loss-calculator

http://wifiviking.com/free-space-path-loss-calculator/

https://blog.wifibooster.eu/wifi-free-space-loss-calculator/

https://www.vcalc.com/wiki/free-space-signal-path-loss-using-frequency

https://www.microwavetools.com/free-space-path-loss-calculator/

https://www.changpuak.ch/electronics/calc_10.php

https://www.trance-cat.com/electrical-circuit-calculators/en/free-space-path-loss-calculator.php

https://www.rohde-schwarz.com/us/solutions/test-and-measurement/wireless-communication/landing-pages/ota-calculator_256594.html

Investigar em softwares de cálculo de perda de trajetória em espaço livre e a sua instalação em mais de 5 softwares/apps diferentes, utilizando uma combinação dos seguintes métodos:

i.   Descarregue versões gratuitas de tais softwares de cálculo de perda de caminho em espaço livre moderno e execute-os localmente no seu portátil/computador.

ii.   Descarregue versões gratuitas de tais softwares Modern Free Space Path Loss Calculator e execute-os localmente no seu smartphone/tablet.

Este exercício irá formar os alunos na utilização destes programas modernos de cálculo da perda de trajetória no espaço livre e nas opções disponíveis, bem como introduzi-los na nova era dos programas modernos de cálculo da perda de trajetória no espaço livre em smartphones e tablets. Um pequeno apêndice de diferentes softwares de cálculo de perda de trajetória no espaço livre moderno também é abordado aqui. Estes podem ser necessários mais tarde durante o seu curso, carreira e investigação. Também pode servir como um estudo preliminar para aprender softwares mais avançados/licenciados de cálculo de perda de trajetória em espaços livres modernos. Os resultados devem ser demonstrados ao professor antes de serem submetidos. O envio pode ser feito em papel ou em versão eletrónica. Seguir as instruções subsequentes, incluindo os prazos relevantes, dadas pelo professor. Os resultados esperados incluem um relatório em docx/pdf, em bom formato, contendo o seguinte:

i.   Uma ficha de síntese do trabalho corretamente concebida e preenchida.

ii.   Os dados do computador/laptop em que serão instalados os calculadores modernos de perda de trajetória em espaço livre ou em que serão acedidas as versões em linha do software.

iii.   Os softwares gratuitos Modern Free Space Path Loss Calculator descarregados e os seus detalhes, incluindo os detalhes de instalação.

iv.   Relatório de execução dos programas gratuitos Calculadora de Perdas no Percurso em Espaços Livres Modernos, com cenários de demonstração dos dados de entrada fornecidos e dos resultados obtidos, eventuais pormenores sobre o nível de sucesso alcançado, etc., em cada um dos programas Calculadora de Perdas no Percurso em Espaços Livres Modernos descarregados.

v.   Uma análise sucessiva dos diferentes Softwares Modernos de Calculadora de Perda de Caminho em Espaço Livre e qual deles você considera ser o melhor como software gratuito para laptop/computador.

vi.   Os dados do smartphone/tablet no qual será instalado o software Modern Free Space Path Loss Calculator.

vii.   Relatório de execução dos referidos programas de cálculo das perdas no espaço livre moderno em telemóveis/tablets, com cenários de demonstração dos dados fornecidos e dos resultados obtidos, eventuais pormenores sobre o nível de sucesso alcançado, etc., em cada um dos programas de cálculo das perdas no espaço livre moderno.

viii.   Uma análise sucessiva dos diferentes softwares modernos de calculadora de perda de caminho em espaço livre e qual deles você considera ser o melhor suporte para smartphones/tablets.

ix.   Um capítulo de conclusões exaustivo.

x.   Referências em causa.

xi.   Secção "Apêndice" que tem basicamente 3 partes: a primeira parte é sobre a atribuição de tarefas no grupo, a segunda parte é sobre o agendamento das tarefas e a terceira parte é sobre as notas de supervisão da reunião e as orientações aí fornecidas.

5.2   Tarefa 30: Incerteza de ganho devido a softwares de cálculo de incompatibilidade.

Recomendação: a realizar em grupos de 2 alunos

Duração prática sugerida - cerca de 6 horas

Pode consultar os seguintes sítios e outras fontes:

https://www.everythingrf.com/rf-calculators/gain-uncertainty-due-to-mismatch

http://web.bluecomtech.com/everything%20RF%20Calculators/www.everythingrf.com/rf-calculators/gain-uncertainty-due-to-mismatch.html

https://www.rfmentor.com/content/mismatch-error-limits-calculator

https://www.microwavejournal.com/articles/6166-calculating-mismatch-uncertainty

https://www.allaboutcircuits.com/technical-articles/mismatch-loss-and-mismatch-uncertainty-attenuators-and-statistical-models/

https://3roam.com/return-loss-to-mismatch-loss-calculator/

https://www.allaboutcircuits.com/technical-articles/mismatch-loss-and-mismatch-uncertainty-in-rf-systems/

Investigar a incerteza do ganho devido aos softwares de cálculo de incompatibilidade e à sua instalação em 5 softwares/aplicações diferentes, utilizando uma combinação dos seguintes métodos

i.   Descarregue versões gratuitas de tais Modern Gain uncertainty due to Mismatch Calculator Softwares e execute-os localmente no seu portátil/computador.

ii.   Descarregue versões gratuitas de tais Modern Gain uncertainty due to Mismatch Calculator Softwares e execute-os localmente no seu smartphone/tablet.

Este exercício irá formar os alunos na utilização destes programas de cálculo de ganho moderno devido a incompatibilidade e nas opções disponíveis, bem como introduzi-los na nova era dos programas de cálculo de ganho moderno devido a incompatibilidade em telemóveis e tablets. Um pequeno apêndice de diferentes softwares de cálculo de ganho moderno devido a incompatibilidade também é abordado aqui. Estes podem ser necessários mais tarde durante o curso, a carreira e a investigação. Pode também servir como um estudo preliminar para a aprendizagem de software de cálculo de ganho moderno devido a incompatibilidade mais avançado/licenciado. Os resultados devem ser demonstrados ao professor antes de serem submetidos. O trabalho pode ser apresentado em papel ou em suporte eletrónico. Seguir as instruções subsequentes, incluindo os prazos relevantes, dadas pelo professor. Os resultados esperados incluem um relatório em docx/pdf, em bom formato, contendo o seguinte:

i.   Uma ficha de síntese do trabalho corretamente concebida e preenchida.

ii.   Os dados do computador/laptop em que serão instalados os programas informáticos Modern Gain uncertainty due to Mismatch Calculator ou em que serão acedidas as versões em linha do programa informático.

iii.   Os softwares gratuitos Modern Gain uncertainty due to Mismatch Calculator baixados e seus detalhes, incluindo detalhes de instalação.

iv.   Relatório de execução dos programas gratuitos Modern Gain uncertainty due to Mismatch Calculator, com cenários de demonstração dos dados fornecidos e dos resultados obtidos, eventuais pormenores sobre o nível de sucesso alcançado, etc., em cada um dos programas Modern Gain uncertainty due to Mismatch Calculator descarregados.

v.   Uma análise sucessiva dos diferentes softwares de cálculo de incerteza de ganho moderno devido a incompatibilidade e qual deles você considera melhor como o software gratuito para laptop / computador.

vi.   Os dados do smartphone/tablet no qual será instalado o software Modern Gain uncertainty due to Mismatch Calculator.

vii.   Relatório de execução desses softwares de cálculo de incerteza de ganho moderno devido a incompatibilidade em smartphones/tablets, com cenários de demonstração de entrada fornecida e saída alcançada, possíveis detalhes sobre o nível de sucesso alcançado, etc., em cada um dos softwares de cálculo de incerteza de ganho moderno devido a incompatibilidade.

viii.   Uma análise sucessiva dos diferentes softwares de cálculo do ganho moderno devido a incompatibilidade e qual deles considera ser o melhor suporte para telemóveis/tablets.

ix.   Um capítulo de conclusões exaustivo.

x.   Referências em causa.

xi.   Secção "Apêndice" que tem basicamente 3 partes: a primeira parte é sobre a atribuição de tarefas no grupo, a segunda parte é sobre o agendamento das tarefas e a terceira parte é sobre as notas de supervisão da reunião e as orientações aí fornecidas.

5.3   Tarefa 31: Software de cálculo do fator Q do indutor.

Recomendação: a realizar em grupos de 2 alunos

Duração prática sugerida - cerca de 6 horas

Pode consultar os seguintes sítios e outras fontes:

https://www.everythingrf.com/rf-calculators/inductor-quality-fator-calculator

https://eliterfllc.com/rf-calculators/inductor-quality-fator-calculator

https://www.teslascientific.com/products/q-fator-calculator/

https://physics.icalculator.com/biot-savart-law-calculator.html

https://coil32.net/theory/qfactor.html

https://hamwaves.com/inductance/en/index.html

https://physics.icalculator.com/inductor-quality-fator-calculator.html

https://calculator.academy/q-fator-calculator/

https://www.calctown.com/calculators/inductor-quality-fator-calculator

https://www.calculators.live/q-fator

https://www.easycalculation.com/physics/electromagnetism/inductor-q-fator.php

https://product.tdk.com/en/contact/faq/inductors-0003.html

https://abhargava.files.wordpress.com/2013/02/inductance-and-q-fator-calculation.pdf

https://www.electronics-notes.com/articles/basic_concepts/q-quality-fator/inductor-q-fator.php

https://www.calculators.live/inductor-q-fator
https://www.mathworks.com/help/rfpcb/ref/inductor.qualityfactor.html
https://911electronic.com/q-inductor-spiral-inductor-q-fator-measure-q-fator/
https://guitarnuts2.proboards.com/thread/10039/calculate-fator
https://www.rfinsights.com/insights/design/concepts/quality-fator-formula/

Investigue em Inductor Q Fator Calculator Softwares e sua instalação em mais de 5 diferentes softwares/apps, usando uma combinação dos seguintes métodos:

i.   Descarregue versões gratuitas de tais Modern Inductor Q Fator Calculator Softwares e execute-os localmente no seu portátil/computador.

ii.   Descarregue versões gratuitas de tais Modern Inductor Q Fator Calculator Softwares e execute-os localmente no seu smartphone/tablet.

Este exercício irá treinar os alunos na utilização de tais softwares de cálculo do fator Q do indutor moderno e as suas opções disponíveis e apresentá-los à nova era de tais softwares de cálculo do fator Q do indutor moderno em smartphones e tablets. Um pequeno apêndice de diferentes softwares de calculadora de fator Q de indutor moderno também é abordado aqui. Estes podem ser necessários mais tarde durante o seu curso, carreira e investigação. Também pode servir como um estudo preliminar para aprender mais avançado/licenciado tais Softwares de Calculadora de Fator Q de Indutores Modernos. Os resultados devem ser demonstrados ao professor antes de serem entregues. A apresentação pode ser feita em papel ou em suporte informático. Seguir as instruções subsequentes, incluindo os prazos relevantes, dadas pelo professor. Os resultados esperados incluem um relatório em docx/pdf, em bom formato, contendo o seguinte:

i.   Uma ficha de síntese do trabalho corretamente concebida e preenchida.

ii.   Os dados do computador/laptop no qual serão instaladas as Modern Inductor Q Fator Calculators ou onde serão acedidas as versões online do software.

iii.   Os softwares gratuitos Modern Inductor Q Fator Calculator baixados e seus detalhes, incluindo detalhes de instalação.

iv.   Relatório de execução dos programas gratuitos Modern Inductor Q Fator Calculator Softwares, com cenários de demonstração de entrada fornecida e saída alcançada, possíveis detalhes sobre o nível de sucesso alcançado etc. em cada Modern Inductor Q Fator Calculator Softwares.

v.   Uma análise sucessiva dos diferentes Softwares de Calculadora de Fator Q de Indutor Moderno e qual deles você considera ser o melhor como o software livre para laptop/computador.

vi.   Os detalhes do smartphone/tablet no qual o software Modern Inductor Q Fator Calculator será instalado.

vii.   Relatório de execução desses Softwares Modern Inductor Q Fator Calculator em smartphones/tablets, com cenários de demonstração de entrada fornecida e saída alcançada, possíveis detalhes sobre o nível de sucesso alcançado, etc. em cada um dos Softwares Modern Inductor Q Fator Calculator.

viii.   Uma análise sucessiva dos diferentes Softwares de Calculadora de Fator Q de Indutores Modernos e qual deles considera ser o melhor suporte para smartphones/tablets.

ix.   Um capítulo de conclusões exaustivo.

x.   Referências em causa.

xi.   Secção "Apêndice" que tem basicamente 3 partes: a primeira parte é sobre a atribuição de tarefas no grupo, a segunda parte é sobre o agendamento das tarefas e a terceira parte é sobre as notas de supervisão da reunião e as orientações aí fornecidas.

xii.

5.4   Tarefa 32: Software de cálculo da taxa de absorção específica (SAR).

Recomendação: a realizar em grupos de 2 alunos

Duração prática sugerida - cerca de 6 horas

Pode consultar os seguintes sítios e outras fontes:

https://www.everythingrf.com/rf-calculators/sar-rf-exposure-calculator

https://eliterfllc.com/rf-calculators/sar-rf-exposure-calculator

https://space.mit.edu/RADIO/CST_online/mergedProjects/3D/special_overview/special_over view_sar_calculation_overview.htm

https://wpcalc.com/en/specific-absorption-rate/

https://mrimaster.com/specific-absorption-ratesar/

https://2022.help.altair.com/2022/feko/topics/feko/user_guide/cadfeko/request_sar_feko_t.htm

https://www.linkedin.com/posts/everythingrf_specific-absorption-rate-sar-calculator-activity-7010657635251183618-7ZLk?trk=public_profile_like_view

https://www.researchgate.net/publication/234093141_Specific_absorption_rate_calculation_a nd_rate_of_temperature_change_in_tissues_due_to_radio_antenna

https://www.youtube.com/watch?v=FMmL0F61qZE

https://pubs.aip.org/aip/acp/article-abstract/2398/1/020013/2821545/Calculation-of-the-specific-absorption-rate-SAR?redirectedFrom=fulltext
https://space.mit.edu/RADIO/CST_online/mergedProjects/3D/special_postpr/special_postpr_sar.htm
https://www.bfs.de/EN/topics/emf/mobile-communication/protection/sar-mobil/sar-mobile-phone_node.html
https://help.altair.com/2021/feko/topics/feko/user_guide/postfeko/sar_feko_c-postfeko.htm
https://www.everythingrf.com/community/what-is-sar
https://www.fxsolver.com/browse/formulas/Specific+taxa+de+absorção+%28SAR%29
https://www.easycalculation.com/health/learn-specific-absorption-rate.php
https://www.fcc.gov/consumers/guides/specific-absorption-rate-sar-cell-phones-what-it-means-you
https://www.sciencedirect.com/topics/materials-science/specific-absorption-rate
https://pubmed.ncbi.nlm.nih.gov/2324575/

Investigar em softwares de cálculo da taxa de absorção específica (SAR) e sua instalação em mais de 5 softwares/aplicações diferentes, utilizando uma combinação dos seguintes métodos

i.   Descarregue versões gratuitas de tais softwares modernos de cálculo da taxa de absorção específica (SAR) e execute-os localmente no seu computador portátil/computador.

ii.   Descarregue versões gratuitas de tais softwares modernos de cálculo da taxa de absorção específica (SAR) e execute-os localmente no seu smartphone/tablet.

Este exercício irá formar os alunos na utilização destes softwares modernos de cálculo da taxa de absorção específica (SAR) e das suas opções disponíveis e introduzi-los na nova era destes softwares modernos de cálculo da taxa de absorção específica (SAR) em smartphones e tablets. Um pequeno apêndice de diferentes softwares modernos de cálculo da taxa de absorção específica (SAR) também é abordado aqui. Estes podem ser necessários mais tarde durante o seu curso, carreira e investigação. Pode também servir como estudo preliminar para aprender software mais avançado/licenciado de calculadoras modernas da taxa de absorção específica (SAR). Os resultados devem ser demonstrados ao professor antes de serem entregues. A apresentação pode ser feita em papel ou em suporte eletrónico. Siga as instruções subsequentes, incluindo os prazos relevantes, dadas pelo professor. Os resultados esperados incluem um relatório em docx/pdf, em bom formato, contendo o seguinte:

i.   Uma ficha de síntese do trabalho corretamente concebida e preenchida.

ii.   Os dados do computador/laptop em que serão instalados os programas informáticos modernos de cálculo da taxa de absorção específica (SAR) ou em que serão acedidas as versões em linha do programa informático.

iii.   Os softwares gratuitos Modern Specific Absorption Rate (SAR) Calculator descarregados e os seus detalhes, incluindo os detalhes de instalação.

iv.   Relatório de execução dos programas gratuitos Calculadora moderna da taxa de absorção específica (SAR), com cenários de demonstração dos dados fornecidos e dos resultados obtidos, eventuais pormenores sobre o nível de sucesso alcançado, etc., em cada um dos programas Calculadora moderna da taxa de absorção específica (SAR) descarregados.

v.   Uma análise sucessiva dos diferentes softwares de cálculo da taxa de absorção específica moderna (SAR) e qual deles você considera ser o melhor como software gratuito para laptop/computador.

vi.   Os dados do smartphone/tablet no qual o software de cálculo da taxa de absorção específica (SAR) moderna será instalado.

vii.   Relatório de execução desses programas modernos de cálculo da taxa de absorção específica (SAR) em telemóveis/tablets, com cenários de demonstração dos dados fornecidos e dos resultados obtidos, eventuais pormenores sobre o nível de sucesso alcançado, etc., em cada um dos programas modernos de cálculo da taxa de absorção específica (SAR).

viii.   Uma análise sucessiva dos diferentes softwares modernos de cálculo da taxa de absorção específica (SAR) e qual deles considera ser o melhor suporte para telemóveis/tablets.

ix.   Um capítulo de conclusões exaustivo.

x.   Referências em causa.

xi.   Secção "Apêndice" que tem basicamente 3 partes: a primeira parte é sobre a atribuição de tarefas no grupo, a segunda parte é sobre o agendamento das tarefas e a terceira parte é sobre as notas de supervisão da reunião e as orientações aí fornecidas.

5.5   Tarefa 33: Softwares de cálculo da profundidade da pele.

Recomendação: a realizar em grupos de 2 alunos

Duração prática sugerida - cerca de 6 horas

Pode consultar os seguintes sítios e outras fontes:

https://www.allaboutcircuits.com/tools/skin-depth-calculator/
https://www.pasternack.com/t-calculator-skin-depth.aspx

https://www.omnicalculator.com/physics/skin-depth

https://www.everythingrf.com/rf-calculators/skin-depth-calculator

https://chemandy.com/calculators/skin-effect-calculator.htm

https://voltage-disturbance.com/engineering-calculators/skin-effect-calculator/

https://www.microwaves101.com/calculators/869-skin-depth-calculator

https://owenduffy.net/calc/SkinDepth.htm

https://www.roboterm.cz/en/induction/about-induction/skin-depth-calculator

https://www.rfcafe.com/references/calculators/skin-depth-calculator.htm

https://sibersci.com/skin-depth-calculator/

https://www.nessengr.com/technical-data/skin-depth/

https://www.e-magnetica.pl/doku.php/calculator/skin_depth

http://mustcalculate.com/electronics/skindepth.php

https://rfcalculator.com/Skin-depth/

https://physics.icalculator.com/skin-effect-depth-calculator.html

https://www.rfcables.org/skindepth.html

https://www.trance-cat.com/electrical-circuit-calculators/en/skin-depth-calculator.php

https://www.electronicsforu.com/special/skin-depth-calculator

https://www.calctool.org/electromagnetism/skin-depth

https://www.electricalvolt.com/skin-depth-calculator/

https://agilemagco.com/skin-depth-calculator/

https://www.integratedsoft.com/calculator/skin-depth-calculator

https://www.electrical4u.net/calculator/skin-depth-calculator/

https://www.apogeeweb.net/tools/skin-depth-calculator.html

https://physicscalculatorpro.com/skin-depth-calculator/

https://leleivre.com/rf_skindepth.html

https://m.blog.naver.com/clarkpark7/50076060628

https://gist.github.com/OlliV/1927991

https://apkcombo.com/skin-depth-calculator/com.integratedsoft.skindepth3/

https://www.calculatoratoz.com/en/skin-depth-calculator/Calc-13184

Investigar em Skin Depth Calculator Softwares e sua instalação em 5 diferentes softwares/apps, usando uma combinação dos seguintes métodos:

i.   Descarregue versões gratuitas de tais Modern Skin Depth Calculator Softwares e execute-os localmente no seu computador portátil/computador.

ii.   Descarregue versões gratuitas de tais Modern Skin Depth Calculator Softwares e execute-os localmente no seu smartphone/tablet.

Este exercício irá formar os alunos na utilização destes softwares de calculadoras modernas de profundidade da pele e nas suas opções disponíveis e apresentá-los à nova era destes softwares de calculadoras modernas de profundidade da pele em smartphones e tablets. Um pequeno apercu de diferentes softwares de calculadoras modernas de profundidade da pele também é abordado aqui. Estes podem ser necessários mais tarde durante o seu curso, carreira e investigação. Também pode servir como um estudo preliminar para aprender softwares mais avançados/licenciados de Calculadora Moderna de Profundidade da Pele. Os resultados devem ser demonstrados ao professor antes de serem entregues. A apresentação pode ser feita em papel ou em suporte eletrónico. Seguir as instruções subsequentes, incluindo os prazos relevantes, tal como são dadas pelo professor. Os resultados esperados incluem um relatório em docx/pdf, em bom formato, contendo o seguinte:

i.   Uma ficha de síntese do trabalho corretamente concebida e preenchida.

ii.   Os dados do computador/laptop onde serão instalados os Modern Skin Depth Calculators ou onde serão acedidas as versões online do software.

iii.   Os softwares gratuitos Modern Skin Depth Calculator baixados e seus detalhes, incluindo detalhes de instalação.

iv.   Relatório de execução dos programas gratuitos Modern Skin Depth Calculator, com cenários de demonstração dos dados introduzidos e dos resultados obtidos, eventuais pormenores sobre o nível de sucesso alcançado, etc., em cada Modern Skin Depth Calculator.

v.   Uma análise sucessiva dos diferentes Softwares Modernos de Calculadora de Profundidade da Pele e qual deles você considera ser o melhor como o software livre para laptop/computador.

vi.   Os detalhes do smartphone/tablet no qual o software Modern Skin Depth Calculator será instalado.

vii.   Relatório de execução dos softwares de cálculo da profundidade da pele moderna em smartphones/tablets, com cenários de demonstração dos dados fornecidos e dos resultados obtidos, possíveis detalhes sobre o nível de sucesso alcançado, etc., em cada um dos softwares de cálculo da profundidade da pele moderna.

viii.   Uma análise sucessiva dos diferentes Softwares Modernos de Calculadora de Profundidade de Pele e qual deles você considera ser o melhor suporte para smartphones/tablets.

ix.   Um capítulo de conclusões exaustivo.

x.   Referências em causa.

xi.   Secção "Apêndice" que tem basicamente 3 partes: a primeira parte é sobre a atribuição de tarefas no grupo, a segunda parte é sobre o agendamento das tarefas e a terceira parte é sobre as notas de supervisão da reunião e as orientações aí fornecidas.

5.6   Tarefa 34: Softwares de cálculo de linhas de caça-níqueis.

Recomendação: a realizar em grupos de 2 alunos

Duração prática sugerida - cerca de 6 horas

Pode consultar os seguintes sítios e outras fontes:

http://www17.plala.or.jp/i-lab/tool/sl_line_e.htm

https://www.everythingrf.com/rf-calculators/slot-line-calculator

https://www.rfwireless-world.com/calculators/slotline-calculator.html

https://mp.mwrf.net/tool/lists/26.shtml

http://www17.plala.or.jp/i-lab/tool/sl_line.htm

http://www.rfdh.com/rfdb/slotline.htm

https://www.calctown.com/calculators/slotline-calculator

http://www.digdia.com/slots/slot_calculator/assumptions.php

http://www.sambow.co.kr/files/Slot_Line_Calculator.htm

https://www.rfwireless-world.com/Articles/Slotline-basics-and-slotline-types.html

Investigue em Slot Line Calculator Softwares e sua instalação em 5 diferentes softwares / aplicativos, usando uma combinação dos seguintes métodos:

i.   Descarregue versões gratuitas de tais Softwares de Calculadora de Linhas de Slot Modernas e execute-as localmente no seu portátil/computador.

ii.   Baixe versões gratuitas desses softwares Modern Slot Line Calculator e execute-os localmente em seu smartphone/tablet.

Este exercício irá formar os alunos na utilização destes softwares de calculadoras de linhas de ranhuras modernas e nas suas opções disponíveis e apresentá-los à nova era destes softwares de calculadoras de linhas de ranhuras modernas em smartphones e tablets. Um pequeno apercu de diferentes softwares de calculadoras de linhas de slots modernas também é abordado aqui. Estes podem ser necessários mais tarde durante o seu curso, carreira e investigação. Também pode servir como um estudo preliminar para aprender softwares mais avançados/licenciados de calculadoras de linhas de ranhuras modernas. Os resultados devem ser demonstrados ao professor antes de serem entregues. O trabalho pode ser apresentado em papel ou em versão eletrónica. Seguir as instruções subsequentes, incluindo os prazos relevantes, dadas pelo professor. Os resultados esperados incluem um relatório em docx/pdf, em bom formato, contendo o seguinte:

i.   Uma ficha de síntese do trabalho corretamente concebida e preenchida.

ii.   Os dados do computador/laptop no qual será instalado o software de cálculo das linhas de slots modernas ou onde será acedida a versão online do software.

iii.   Os softwares gratuitos Modern Slot Line Calculator baixados e seus detalhes, incluindo detalhes de instalação.

iv.   Relatório de execução das calculadoras de linhas de slots modernas gratuitas, com cenários de demonstração dos dados introduzidos e dos resultados obtidos, eventuais pormenores sobre o nível de sucesso alcançado, etc., em cada uma das calculadoras de linhas de slots modernas descarregadas.

v.   Uma análise sucessiva dos diferentes Softwares de Calculadora de Linhas de Slot Modernas e qual deles você considera o melhor como o software gratuito para laptop/computador.

vi.   Os detalhes do smartphone/tablet no qual o software Modern Slot Line Calculator será instalado.

vii.   Relatório de execução desses softwares Modern Slot Line Calculator em smartphones / tablets, com cenários de demonstração de entrada fornecida e saída alcançada, possíveis detalhes sobre o nível de sucesso alcançado, etc. em Modern Slot Line Calculator.

viii.   Uma análise sucessiva dos diferentes Softwares de Calculadora de Linhas de Slot Modernas e qual deles você considera ser o melhor suporte para smartphones/tablets.

ix.   Um capítulo de conclusões exaustivo.

x.   Referências em causa.

xi.   Secção "Apêndice" que tem basicamente 3 partes: a primeira parte é sobre a atribuição de tarefas no grupo, a segunda parte é sobre o agendamento das tarefas e a terceira parte é sobre as notas de supervisão da reunião e as orientações aí fornecidas.

Secção 6: Conclusão.

6.1 Resumo do presente manuscrito.

Este manuscrito contém 34 exercícios práticos judiciosamente preparados no domínio das TIC para calculadoras de radiofrequência para ajudar os formadores no ensino dos níveis introdutórios das TIC ou de qualquer outro programa relacionado com a capacitação. Este manuscrito de apoio destina-se a ajudar os formadores/académicos mais jovens a compreender os tópicos a definir como exercícios práticos dignos de nota para os alunos. Naturalmente, os softwares a instalar podem estar em qualquer língua aprovada pelo formador. O formato de apresentação dos exercícios assemelha-se. O objetivo deste formato semelhante é produzir exercícios coesos e de fácil compreensão. Os académicos/treinadores mantêm a sua discrição para adaptar os exercícios à sua conveniência e ajustar os critérios de classificação.

6.2 Pressupostos considerados.

Todos os estudos se baseiam geralmente em determinados pressupostos viáveis. Os pressupostos para este manuscrito são os seguintes:

1. O hardware necessário para os exercícios correspondentes é disponibilizado aos alunos. Para o efeito, a escola pode fornecer os materiais ou os alunos podem obtê-los através de patrocínio ou de compra própria.

2. Os alunos têm bons níveis de proficiência na utilização de computadores e telemóveis inteligentes.

3. Os alunos são suficientemente competentes numa língua de redação de relatórios, seja o inglês ou outras línguas, para redigirem os relatórios adequados e elaborarem boas fichas de síntese do seu trabalho para facilitar a compreensão do mesmo.

4. Espera-se um aperfeiçoamento contínuo das competências de redação de relatórios, embora o nível de redação de relatórios esperado possa ser alterado pelos formadores.

5. Os alunos têm telemóveis inteligentes ou tablets suficientemente potentes.

6. Espera-se um acompanhamento de perto por parte dos treinadores, e o trabalho de grupo é reforçado sempre que necessário.

6.3 Definição de bases para trabalhos futuros.

O trabalho aqui apresentado abre perspectivas de mais trabalho, incluindo mas não se limitando a software nas seguintes áreas ou subdomínios possíveis: Multimédia, engenharia, negócios e gestão, capacitação pessoal e das mulheres, melhoria da gama de competências dos programadores, melhoria da gama de competências técnicas e melhoria da segurança das ferramentas TIC.

No futuro, poderão ser elaboradas mais perguntas deste tipo, para enriquecer os futuros formadores no desenvolvimento dos seus programas de formação.

yes I want morebooks!

Buy your books fast and straightforward online - at one of world's fastest growing online book stores! Environmentally sound due to Print-on-Demand technologies.

Buy your books online at
www.morebooks.shop

Compre os seus livros mais rápido e diretamente na internet, em uma das livrarias on-line com o maior crescimento no mundo! Produção que protege o meio ambiente através das tecnologias de impressão sob demanda.

Compre os seus livros on-line em
www.morebooks.shop

info@omniscriptum.com
www.omniscriptum.com

Printed by Books on Demand GmbH, Norderstedt / Germany